Josef Gelmi
Die schönsten Papst-Anekdoten

topos taschenbücher, Band 817
Eine Produktion der Verlagsanstalt Tyrolia

Josef Gelmi

Die schönsten
Papst-Anekdoten

Von Petrus bis Benedikt XVI.

*Mit Zeichnungen von
Peter Schwienbacher*

topos taschenbücher

Verlagsgemeinschaft topos plus
Butzon & Bercker, Kevelaer
Don Bosco, München
Echter, Würzburg
Lahn-Verlag, Kevelaer
Matthias Grünewald Verlag, Ostfildern
Paulusverlag, Freiburg (Schweiz)
Verlag Friedrich Pustet, Regensburg
Tyrolia, Innsbruck

Eine Initiative der Verlagsgruppe engagement

Bibliografische Information der Deutschen Nationalbibliothek
Die Deutsche Nationalbibliothek verzeichnet diese Publikation in der
Deutschen Nationalbibliografie; detaillierte bibliografische Daten
sind im Internet über http://dnb.d-nb.de abrufbar.

2012 Verlagsgemeinschaft **topos** plus, Kevelaer
Das © und die inhaltliche Verantwortung der Taschenbuchausgabe
liegen bei der Verlagsanstalt Tyrolia, Innsbruck

Einband- und Reihengestaltung | Finken & Bumiller, Stuttgart
Herstellung | Friedrich Pustet, Regensburg
Printed in Germany

Topos-ISBN: 978-3-8367-0817-3
www.toposplus.de

INHALT

Das Papsttum ist die einzige Institution der Welt, welche die Zeit der Römer mit dem Zeitalter des Internet verbindet. Gerade deswegen fasziniert und begeistert es die Menschen immer wieder von neuem. Neben den religiösen, geistigen und kulturellen Leistungen der Päpste und dem dramatischen Auf und Ab ihrer Regierungen gibt es unzählige andere Aspekte des Papsttums, die man darstellen kann. In diesem Buch sollen die schönsten Anekdoten und Witze präsentiert werden, die man sich über die Inhaber des Stuhles Petri erzählt.

Berichte in knapper und zugespitzter Form von mehr oder weniger bemerkenswerten Begebenheiten, auch wahrer oder erfundener Aussprüche mancher Päpste sowie lustige Verdrehungen und Missverständnisse geben den Lesern die Möglichkeit, die römischen Bischöfe, vor allem der neueren Zeit, einmal nicht nur von ihrer amtlichen, sondern auch von ihrer menschlichen Seite kennen zu lernen und über sie zu schmunzeln und sich zu amüsieren. Anekdoten über die einzelnen Päpste dienen auch dazu, zwischen der leiblichen Hinfälligkeit des Papstes und der Unvergänglichkeit seines Amtes zu unterscheiden.

Vieles, was hier wiedergegeben wird, ist auf mündliche Quellen zurückzuführen, manche Episoden kann man viva voce in den langen Korridoren des Vatikans hören. Anderes wurde postum erfunden und einem Nachfolger des heiligen Petrus zugewiesen. Immer enthalten die Erzählungen aber ein Körnchen Wahrheit. Eine Fundgrube sind die Pasquillen (Pasquinate). Der Name Pasquille geht auf ein »Pasquino«

genanntes antikes, bruchstückhaft erhaltenes Marmorbildwerk in Rom zurück, an das ein Schneider Pasquino und die spottlustigen Römer ihre Epigramme und Schmähschriften zu heften pflegten.

Es wird chronologisch vorgegangen. Zunächst wird eine Charakteristik des betreffenden Pontifikates gegeben, dann folgen die Anekdoten, die von Peter Schwienbacher, meinem ehemaligen Schüler, mit hervorragenden Karikaturen illustriert werden. Gedacht ist das Werk für eine breite Leserschicht. Es wendet sich an Frauen und Männer, an die Kirchenleitung und deren Bodenpersonal, an Konservative und Fortschrittliche, an Katholiken und Protestanten, an Andersgläubige und Nichtgläubige. Kurz, an alle, die Humor haben, schmunzeln wollen und auch Brauchbares und Besinnliches nicht ausschließen, sondern sich aneignen wollen. Horaz schreibt in seiner Ars poetica: »Omne tulit punctum qui miscuit utile dulci / lectorem delectando pariterque monendo – Jedes Ziel erreicht, wer das Nützliche mit dem Gefälligen zusammenzufügen weiß.« Sollte sich jemand an irgend- einem Anekdötchen skandalisieren, dann möge er sich an den heiligen Thomas Morus erinnern, der sich einmal an den Herrn wandte und betete: »Herr, schenke mir Sinn für Humor. Gib mir die Gnade, einen Scherz zu verstehen.«

Möge auch diese neue und erweiterte Auflage mit völlig neuen, lustigen und originellen Karikaturen vielen Lesern Freude bereiten.

Brixen, am 1. Juni 2012   JOSEF GELMI

8

Simon, Sohn des Jona, war Bruder des Andreas und Fischer in Kafarnaum am See Genezareth. Er gehörte mit Johannes und Jakobus zu den vertrautesten Jüngern Jesu. Nach Mt 16,18 wurde er trotz seiner Fehler und Schwächen von Jesus mit dem Beinamen Kephas (griechisch Petros, lateinisch Petrus und deutsch Fels) ausgezeichnet. Nach dem Tode Jesu genoss Petrus in der Urgemeinde das höchste Ansehen. Später wirkte er auch außerhalb Palästinas. In Rom hat er zwischen 64 und 67 unter Kaiser Nero das Martyrium erlitten. Sein Grab, über das später die monumentale Peterskirche gebaut wurde, ist dort schon um 160 bezeugt. Die katholische Kirche betrachtet Petrus unter Berufung auf Mt 16,18 als ihr von Christus eingesetztes Oberhaupt, dessen Amt im Bischof von Rom fortdauert und sich im Laufe der Geschichte zum päpstlichen Primat entwickelt hat.

» In der christlichen Legende erscheint Petrus oft als Himmelspförtner. Für die irdische und himmlische Binde- und Lösegewalt besitzt er auch zwei Schlüssel. Von ihm hängt es ab, wen er in den Himmel hineinlässt und wen nicht. Als Papst Johannes Paul II. an der Himmelspforte erschien, wollte ihn Petrus sofort hineinlassen. Jesus aber, der daneben stand, sagte: »Moment! Da ist zunächst eine Kontrolle notwendig. Ich habe die Bergpredigt gehalten. Dieser da hat einen Berg von Predigten gehalten!«

» Man erzählt sich, dass ein mediengeiler Bischof nach seinem Ableben in den Himmel kam und sich dort geradewegs auf den Thron Gottes setzte. Da gerieten die Engel in helle Aufregung und sagten zu ihm: »Das ist Gottes Thron, hier dürfen Sie auf keinen Fall Platz nehmen!« Der Bischof reagierte aber nicht, und so kamen wieder andere Engel mit derselben Aufforderung. Der Oberhirte stellte sich taub und rührte sich nicht. Nun holten die Engel den heiligen Petrus zu Hilfe, der dem Bischof etwas ins Ohr flüsterte. Da stand der Oberhirte sofort auf und eilte vor die Himmelstür. Die Engelschar wollte nun von Petrus wissen, was er dem Bischof gesagt hatte, um ihn zu bewegen, den Thron Gottes schnellstens zu verlassen. »Ganz einfach«, antwortete der Apostel, »ich habe ihm gesagt, dass draußen das Fernsehen ein Interview von ihm haben möchte.«

》 Ein in seinem Leben durch seine exzentrische Ehefrau schwer genervter Mann näherte sich dem Himmelspförtner und betete: »Gott, sei meiner armen Seele gnädig.« Da sagte der heilige Petrus zum Erzengel: »Lass ihn schnell herein. Er hatte die Hölle schon auf Erden.«

Als Heiliger verehrt: 11. Juli

Von den Nachfolgern des heiligen Petrus in den ersten drei Jahrhunderten wissen wir außer ihren Namen fast nichts. Bischof Irenäus von Lyon (gestorben um 202) hat uns in seinem um 180 geschriebenen Werk zur Widerlegung der falschen Gnosis eine Liste der römischen Bischöfe überliefert. Darin heißt es: »Die seligen Gründerapostel übertrugen dem Linus das bischöfliche Amt. Diesen Linus erwähnt Paulus in den Briefen an Timotheus. Es folgt ihm Anekletos. Darauf an dritter Stelle nach den Aposteln erhält Clemens das Bischofsamt, der auch die seligen Apostel selbst sah und mit ihnen Umgang pflog. Als unter ihm ein nicht geringer Aufruhr unter den Brüdern in Korinth entstand, sandte die Kirche eine Schrift an die Korinther. Diesem Clemens folgte Evaristus, und dem Evaristus Alexander, und darauf wird als Sechster seit den Aposteln Xystus gesetzt und nach ihm Telephorus, der auch ruhmvoll Zeugnis ablegte. Darauf Hyginus, dann Pius, nach ihm Anicetus. Nachdem aber Anicetus Soter gefolgt war, hat jetzt das bischöfliche Amt an zwölfter Stelle nach den Aposteln Eleuterus inne.« Die Bischofsliste des heiligen Irenäus, die nicht von allen Historikern als historisch gesichert betrachtet wird, enthält keine Regierungsdaten. Erst Bischof Eusebius von Cäsarea (gestorben um 339) machte den Versuch, die Regierungszeiten der ersten Vorsteher der Gemeinde von Rom mit denen der römischen Kaiser zu synchronisieren. Nach dem Kanonverzeichnis des Muratori war Pius ein Bruder des Hermas. Dieser Hermas gab eine Schrift mit dem Titel »Der Hirt« heraus, die von der Möglichkeit einer zweiten Buße nach der Taufe spricht.

» Pius hieß schon so, bevor er Papst geworden ist. Mit diesem Namen sollten ihm elf weitere Päpste folgen. Der erste Nachfolger des heiligen Petrus, der eine Namensänderung vornahm, war Johannes II. (533–535). Er hieß vorher Mercurius. Den heidnischen Namen mag er als Papst wohl als unschicklich empfunden haben. Erst ab Johannes XII. (955–964) begannen die Päpste ihren Namen mit einer gewissen Regelmäßigkeit zu ändern. So wurde 1009 ein Kandidat mit dem Namen Peter Schweinsmaul gewählt, der sich den Namen Sergius IV. (1009–1012) zulegte. Als der italienische Ministerpräsident Silvio Berlusconi gefragt wurde, welchen Namen er sich als Papst zulegen würde, sagte er: »Pio tutto!« Was so viel heißt wie: »Ich nehme (pio = piglio) mir alles.«

Römer

Zum Papst gewählt: März 251
Gestorben: Juni 253
Beigesetzt: Calixtus-Katakombe, Rom

Das Jahr 251 brachte den ersten Gegenpapst der Kirchengeschichte. Nach dem Ende der Verfolgung durch Kaiser Decius und einer längeren Sedisvakanz wählte eine Mehrheit Cornelius zum Bischof von Rom. Gegen den in der Bußpraxis eine mildere Richtung vertretenden Cornelius wählte eine Minderheit den glänzend begabten Theologen Novatian zum Gegenbischof. Mit der Devise, die Wiederaufnahme der während der Verfolgung abgefallenen Christen grundsätzlich zu verweigern, suchte Novatian Anhänger zu gewinnen. Eine römische Synode sprach aber über ihn den Bann aus und bestätigte die bisherige römische Praxis, die Abgefallenen zur Buße zuzulassen. Damit wurde der Grundsatz durchgesetzt, dass die Kirche auch eine Kirche der Schwachen ist.

» Novatian ging nun in Rom energisch daran, eine Gegenkirche aufzubauen. Beim Darreichen der Eucharistie soll er seine Anhänger flehentlich beschworen haben, ihm die Treue zu halten. Wörtlich soll er jedem Kommunionempfänger gesagt haben: »Schwöre mir beim Blute und Leibe unseres Herrn Jesus Christus, dass du mich nie verlassen und nie zu Cornelius übergehen wirst!« Statt beim Empfang des Brotes Amen zu sagen, musste der Eucharistieempfänger antworten: »Ich werde nicht zu Cornelius zurückkehren.«

13

Römer

Zum Papst gewählt: 314
Gestorben: 335
Beigesetzt: Priscilla-Katakombe, Rom
Als Heiliger verehrt: 31. Dezember

Im Arianischen Streit gab Kaiser Konstantin überall den Ton an, während Papst Silvester kaum hervortrat. Auf dem Konzil von Nizäa ließ er sich durch zwei Presbyter vertreten, die aber keine besondere Rolle spielten. Überhaupt finden in der zeitgenössischen Literatur die zwei Jahrzehnte der Regierung Silvesters keinen merklichen Niederschlag.

›› Dieses Vakuum wurde später mit einer phantasievollen Legende gefüllt. Damit wollte man offenbar den Eindruck erwecken, dass dem großen Kaiser Konstantin ein zumindest ebenbürtiger Papst Silvester zur Seite stand. Schon im 5. Jahrhundert wurden die Bekehrung, die Taufe und die wunderbare Heilung Konstantins Silvester zugeschrieben und im 8. Jahrhundert wurde sogar behauptet, Konstantin habe Silvester dafür Rom, Italien, ja das ganze Abendland geschenkt. Im Jahre 1433 entlarvte Nikolaus Cusanus in seinem Werk »De concordantia catholica« diese »Konstantinische Schenkung« als eine Fälschung des 8. Jahrhunderts.

Aus Albano

Zum Papst gewählt: 21. Dezember 401
Gestorben: 12. März 417
Als Heiliger verehrt: 28. Juli

Innozenz I. zählt zu den markantesten Papstgestalten des 5. Jahrhunderts. Sein Pontifikat war für die Entwicklung der römischen Führungsrolle von entscheidender Bedeutung. Geradezu meisterhaft beherrschte er den Brieftypus der Dekretalen. Innozenz war überzeugt, dass alle Kirchen des Westens in Petrus ihren Ursprung haben, und verlangte, dass alle »schweren« Fälle vor den Apostolischen Stuhl gebracht werden. Als im Jahre 403 Johannes Chrysostomus († 407) von seinem Patriarchensitz von Konstantinopel vertrieben wurde, setzte sich Innozenz I. am Kaiserhof entschieden für die Wiedereinsetzung des berühmten Kirchenvaters ein. Den britannischen Asketen Pelagius exkommunizierte er wegen der Meinung, der Mensch könne aus sich heraus sein Heil erreichen.

›› Als Augustinus († 430) diese Entscheidung vernahm, soll er die berühmten und viel zitierten Worte gesprochen haben: »Roma locuta, causa finita – Rom hat gesprochen, die Streitfrage ist beendet.« In Wirklichkeit soll er gesagt haben: »Causa finita est, utinam aliquando finiatur error – Die Streitfrage ist erledigt, wenn doch auch die Irrlehre aufhören möge.« Heute scheint das traditionelle Motto durch ein anderes ersetzt worden zu sein: »Rom hat gesprochen, die Sache hat gerade erst begonnen.«

Aus Tuszien

Zum Papst gewählt: 29. September 440
Gestorben: 10. November 461
Beigesetzt: Sankt Peter, Rom
Als Heiliger verehrt: 10. November

Mit Leo I. erreichte die Geschichte des Papsttums den ersten Höhepunkt. Er hat den römischen Primat von allen bisherigen Päpsten am wirkungsvollsten vertieft und formuliert. Nach ihm übernimmt der jeweilige Bischof von Rom als Erbe des Petrus dessen Funktion, Vollmacht und Privilegien. Leos Vermächtnis kam somit einer Entpersonalisierung des päpstlichen Amtes gleich. Dass dieses Amt durch Päpste mit äußerst zweifelhaftem Charakter keinen größeren Schaden nahm, verdankt es vor allem Leo I. Im Bereich der lateinischen Kirche hat der Führungsanspruch Leos keinen wesentlichen Widerspruch erfahren.

Die eigentliche Feuerprobe hatte der Papst mit den Kirchen des Ostens zu bestehen. Dort griff er in die christologischen Kämpfe ein mit einem Schreiben an Flavian, den Patriarchen von Konstantinopel. Darin legte er mit meisterhafter Klarheit die Lehre von der einen Person Christi in zwei Naturen dar. Auf der von Kaiser Theodosius II. (408–450) 449 einberufenen Reichssynode von Ephesus triumphierte jedoch der Monophysitismus, die päpstlichen Legaten durften dazu nicht das Wort ergreifen. Leo brandmarkte später diese Kirchenversammlung als »Räubersynode«, deren Triumph nicht lange währte.

Das von der Kaiserin Pulcheria im Jahre 451 einberufene Konzil von Chalcedon verschaffte dem Papst Genugtuung. Leos »Dogmatischer Brief« wurde vorgelesen und mit den Worten gebilligt: »Durch Leo hat Petrus gesprochen.« Als der Hunnenkönig Attila mordend und plündernd in Norditalien einbrach, zog Leo ihm mutig entgegen und bewog ihn, sich zurückzuziehen. Damit hat Leo die Ewige Stadt vor der sicheren Zerstörung gerettet. So wuchs er in der ehemaligen Hauptstadt des Reiches in die Rolle der Imperatoren hinein und bekam den Titel »der Große«.

» Eine Legende aus dem 13. Jahrhundert erzählt allerdings, dass das Leben des großen Leo ein böses Ende genommen habe. Nachdem der Papst den Metropoliten Hilarius von Arles wegen seiner Überheblichkeit gemaßregelt hatte, kam dieser zu ihm und sagte: »Wiewohl du Leo, der Löwe, heißest, so bist du doch nicht der Löwe vom Stamme Juda …« Da stand der Papst auf und sagte, dass er gleich wiederkommen und die Hoffart des Hilarius bestrafen werde. »Also ging der Papst an einen heimlichen Ort, dass er die Notdurft der Natur verrichte; da fuhr in ihn die rote Ruhr und ging ihm all sein Eingeweide zum Leib heraus; also starb er eines jähen Todes an einem schmählichen Ort.«

Geboren: um 540 in Rom
Zum Papst gewählt: 3. September 590
Gestorben: 12. März 604
Beigesetzt: Sankt Peter, Rom
Als Heiliger verehrt: 3. September

Mit Gregor dem Großen bestieg ein Mann den römischen Bischofsstuhl, der das päpstliche Amt so hervorragend bekleidete, dass er für alle seine Nachfolger zur Idealgestalt wurde. In einer von Stürmen gepeitschten Zeit entfaltete er eine umfassende und überaus segensreiche Tätigkeit und erbaute auf den Trümmern der untergehenden Welt der Antike die entstehende Welt des Mittelalters. Durch eine musterhafte Verwaltung des reichen Besitzes der römischen Kirche legte er den Grund zum Kirchenstaat und zu der späteren politischen Machtstellung der Päpste in Italien. In der Bedrängnis der italischen Bevölkerung durch die Langobarden war der Papst ihr einziger Schutz.
Ein besonderes Verdienst Gregors liegt darin, dass er sich besonders für den Gewinn der germanischen Völker für das Christentum einsetzte. Gregor reformierte auch die römische Liturgie und förderte besonders das Mönchtum. In seinen »Dialogi« stellte er die Gestalt des heiligen Benedikt dar und entriss damit den abendländischen Mönchsvater der Vergessenheit. Sein »Liber regulae pastoralis« wurde maßgebend für die pastorale und aszetische Bildung der folgenden Jahrhunderte und sein Job-Kommentar wurde das Handbuch der Moraltheologie für das ganze Mittelalter. Wegen seiner überragenden Bedeutung hat ihm die Ge-

schichte als einzigem der Päpste nach Leo I. den Beinamen »der Große« gegeben.

>> Im Jahre 596 sandte Gregor I. den Abt Augustinus mit zirka 40 Mönchen zur Bekehrung Englands aus. Gibbon sagte einmal, Cäsar habe für die Eroberung Britanniens sechs Legionen gebraucht, während Gregor dasselbe Ziel mit 40 Mönchen erreichte.

>> Bis dahin zierte den Papst noch kein besonderer Titel. Erst seit dem 5. und 6. Jahrhundert fing man an, den Ausdruck »Papa – Vater«, mit dem man Bischöfe und Äbte ansprach, für den römischen Bischof zu reservieren. Im Gegensatz zum Patriarchen von Konstantinopel, der sich 595 offiziell den schon länger gebräuchlichen Titel »Ökumenischer Patriarch« zulegte, nannte sich Gregor »Servus Servorum Dei – Knecht der Knechte Gottes«. »Ich bin der Knecht aller Bischöfe«, sagte er, »sofern sie bischöflich leben!«

Auf Papst Zacharias (741–752) folgte der römische Pres-byter Stephan, der schon nach drei Tagen ohne Bischofs-weihe starb und deshalb im Papstkatalog überhaupt nicht aufscheint. Es ist das kürzeste Pontifikat der Papstge-schichte. Dann folgt jenes von Bonifaz VI. (896), der zehn Tage im Amt war. Papst Urban VII. (1590) waren 15 Tage beschieden. Anschließend kamen drei Päpste mit jeweils 20 Tagen Regierungszeit, und zwar Theodor II. (897), Cö-lestin IV. (1241) und Marcellus II. (1555). Für Damasus II. (1080), den Bischof Poppo aus Brixen, dauerte das Pon-tifikat 22 Tage. Pius III. (1503) und Leo XI. (1605) trugen die Tiara (Kopfbedeckung der Päpste) 26 Tage lang. Hadri-an V. (1276) war 28 Tage lang Papst und der aus Agordo stammende Johannes Paul I. (1978) 33 Tage.

≫ An die Last der vielen Unterschriften denkend, die der Papst ständig zu machen hat, sagte Johannes XXIII. bei ei-ner seiner ersten Audienzen: »Einer vor mir ist schon drei Tage nach seiner Wahl gestorben. Kaum zu glauben, dass der sich die vielen Scherereien angetan hat – wegen drei Ta-ge.«

≫ Man erzählt sich, dass um das Bett des gerade vor drei Tagen gewählten, aber kranken Papstes Stephan eine Reihe von Ärzten stand. Da meinte der leidende Mann lächelnd: »Genügt nicht ein Einziger, um mich ins Jenseits zu beför-dern?«

Römer

Zum Papst gewählt: 10. April 847
Gestorben: 17. Juli 855
Beigesetzt: Sankt Peter, Rom
Als Heiliger verehrt: 17. Juli

Wie ein Alptraum lag die Sarazenengefahr über dem Pontifikat Leos IV. Zum Schutze der Stadt ließ er unter Mithilfe und Beteiligung Lothars I. das Viertel von Sankt Peter mit Mauern umgeben. Damit wurde er der Gründer der Leostadt (Civitas Leonina), die seinen Namen verewigte. Als die Sarazenen 849 wieder erschienen, gelang es dem Papst mit Hilfe der päpstlichen Galeeren, die Feinde der Christenheit bei Ostia zu besiegen. Ein Fresko Raffaels in der Stanza dell'Incendio im Vatikan erinnert heute noch an diesen Seesieg, wobei Leo IV. allerdings die Gesichtszüge Leos X. (1513–1521) trägt.

>> Eine kuriose Fabel aus dem 13. Jahrhundert gab dem kraftvollen Leo IV. ein abenteuerliches Weib zum Nachfolger. Ein schönes Mädchen aus England glänzte in den Schulen von Mainz durch ihre außergewöhnlichen Gaben des Geistes. Sie reiste dann nach Athen, wo sie die hohe Schule der Philosophen besuchte. Hier starb ihr Freund, und so zog Johanna nach Rom, wo sie unter dem Namen Johannes Anglicus eine Professur an der Schule der Griechen erlangte. Zum Papst erkoren, bezog sie den Lateran und scheute sich nicht, ein Liebesverhältnis mit ihrem Kammerdiener anzuknüpfen. Die Folgen deckte das weite Papstgewand,

bis sie bei einer Prozession ein Kind gebar und dabei starb. Diese Mähr war das Erzeugnis der Unwissenheit, der Sucht nach romanhaften Dingen und vielleicht des Widerwillens der Römer gegen die weltliche Herrschaft der Päpste. Sicherlich kann man aber in ihr auch den Niederschlag der Erinnerung an das dunkle Jahrhundert in Rom sehen. Durch die Aufnahme in die Chronik des angesehenen Dominikaners Martin von Troppau († 1278) fand die Fabel weiteste Verbreitung. Um das Jahr 1400 scheute man sich nicht, die Büste der Päpstin Johanna in der Reihe der Papstbilder aufzustellen, die im Dom zu Siena die Wände zierten. Das Bildnis stand dort unangefochten 200 Jahre lang mit der Inschrift »Johannes VIII., ein Weib aus England«. Auf Betreiben des Kardinals Caesar Baronius hat erst Papst Clemens VIII. (1592–1605) die Büste entfernen lassen. Die endgültige Widerlegung dieser Fabel, die auch die Protestanten gierig verbreiteten, erbrachte Ignaz Döllinger († 1890). Bis ins 16. Jahrhundert soll es in Rom auch eine Untersuchung der Männlichkeit beim neu gewählten Papst mit einem durchlöcherten Stuhl gegeben haben, um die Wiederkehr einer »Päpstin Johanna« zu verhindern. Sobald der Diakon dem Volk zurief: »Habet«, antwortete es: »Deo Gratias!«

Gerbert von Aurillac

Geboren: 940/950 in der Auvergne
Zum Papst gewählt: 9. April 999
Gestorben: 12. Mai 1003
Beigesetzt: Lateranbasilika, Rom

Mit Gerbert, der sich Silvester II. nannte und damit an die Zeiten Silvesters I. (314–335) und Konstantins des Großen erinnern wollte, bestieg der erste Franzose den Papstthron. Mit aller Entschiedenheit vertrat er die Rechte des Apostolischen Stuhles. Im Jahre 1000 errichtete er im Einvernehmen mit Otto III. das Erzbistum Gnesen. Nach der Bekehrung des ungarischen Herzogs Stephan I. (997–1038) schickte er ihm die Königskrone. Im Jahr darauf errichtete er zusammen mit dem Kaiser das Erzbistum Gran. Mit der Eingliederung Polens und Ungarns in den Westen haben Papst und Kaiser ohne Zweifel einen großen Gewinn erzielen können. Silvester II. verdankte seinen Ruhm vor allem seinen einmaligen Fähigkeiten.

» Er war der genialste Mann seiner Zeit. Er beherrschte sowohl die Mathematik und die Musik als auch die Medizin und die Theologie. Er hatte eigentlich nur den Fehler, seiner Zeit weit voraus zu sein. Im Lateranpalast ließ er eine Sternwarte einbauen, die seinen unwissenden Zeitgenossen als ein satanisches Werk erschien. So war es nicht verwunderlich, dass das einfache Volk sich erzählte, der Papst habe mit dem Teufel einen Bund geschlossen. Demnach sollte er seine Seele verlieren, wenn er nach Jerusalem pilgern würde. Silvester, der niemals im Leben ins Heilige Land zu reisen gedachte, glaubte schon, den Fürsten der Finsternis überlistet zu haben. Er hatte aber nicht bedacht, dass sich in Rom eine Basilika befindet, die den Namen der heiligen Stätte trägt. So begab er sich eines Tages nach Santa Croce in Gerusalemme und geriet damit dem Teufel ins Garn. Von Reue erfasst, bekannte er dem anwesenden Volk seine Schuld und beschwor es, seinem armseligen Leib keine Ehren zu erweisen. Dann starb er. Aber es erschienen geheimnisvolle Pferde, die seinen Leichnam zur Lateranbasilika brachten. In der Tat wurde Silvester in San Giovanni in Laterano begraben. Dort soll man heute noch als untrügliches Vorzeichen für den Tod eines Papstes das Rasseln der Gebeine Silvesters II. hören.

Hildebrand aus Soana in Tuszien (?)

Geboren: um 1020/25
Zum Papst gewählt: 22. April 1073
Gestorben: 25. Mai 1085 in Salerno
Beigesetzt: im Dom von Salerno
Heilig gesprochen: 1606
Als Heiliger verehrt: 25. Mai

Mit Gregor VII. bestieg eine jener Gestalten den Stuhl des heiligen Petrus, welche die Kirche bis heute nachhaltig geprägt haben. Vor seiner Erhebung hieß Gregor VII. Hildebrand. Martin Luther, der diesen Nachfolger des heiligen Petrus besonders hasste, nannte ihn »Höllenbrand«. Der neue Papst betrachtete sich als Reinkarnation des heiligen Petrus. Er behauptete, dass jeder Papst nach seiner Amtseinführung auch persönlich heilig werde. Aus dem zweiten Jahr seines Pontifikates stammt der berühmte »Dictatus papae«, demzufolge der Papst der universale Bischof ist, der in allen Angelegenheiten der Christenheit ein Entscheidungsrecht besitzt. Während er selbst alle richten darf, darf er von niemandem gerichtet werden. Er kann auch den Kaiser absetzen. Gregor VII. betont, dass die römische Kirche nie geirrt hat und dass sie auch niemals irren wird. Mit großem Eifer ging Gregor daran, die Kirche zu reformieren. In diesem Zusammenhang kam es zu einem harten Konflikt mit Kaiser Heinrich IV., der zum berühmten Canossagang führte. Nachdem der Papst den Kaiser 1080 ein zweites Mal abgesetzt hatte, berief dieser eine Synode nach Brixen, welche zur Absetzung Gregors VII. und zur Wahl eines Gegenpapstes in der Person Clemens' III.

führte. 1085 starb Gregor VII. in Salerno. Seine letzten Worte lauteten: »Ich habe die Gerechtigkeit geliebt und die Ungerechtigkeit gehasst, deshalb sterbe ich in der Verbannung.« Papst Paul V. (1605–1621) hat diesen »heiligen Satan«, wie ihn sein Zeitgenosse Petrus Damiani einmal genannt hatte, im Jahr 1606 heilig gesprochen.

›› Gregor VII. soll einmal nach der Wahl des Gegenpapstes Clemens III. gefragt worden sein: »Wie begrüßen sich zwei Päpste?« Darauf soll Gregor VII. die Antwort gegeben haben: »Die begrüßen sich überhaupt nicht, da es jeweils nur einen Papst gibt.«

›› Nachdem Gregor VII. den Titel »Papa« ganz für sich beansprucht hatte, schrieb der Würzburger Kanoniker Heinrich der Poet († 1288): »Papst ist ein kurzer Laut, aber die Wirkkraft des Wortes umfasst Himmel und Erde.«

›› Der heilige Gregor VII. soll auch viele Wunder gewirkt haben. Man erzählt sich, dass Diebe nachts im Dom von Salerno den Leichnam der Pontifikalgewänder berauben wollten. Da kam ein heftiger Sturm, blies die Lampen aus und verhinderte den Diebstahl.

Rainer von Bieda (Romagna)

Zum Papst gewählt: 14. August 1099
Gestorben: 21. Januar 1118
Beigesetzt: Lateranbasilika, Rom

Das Ringen zwischen Papsttum und Kaisertum ging auch nach dem Tod Gregors VII. (1073–1085) weiter. An eine Trennung zwischen Kirche und Staat im modernen Sinn war damals nicht zu denken. Das zeigte sich auch, als Papst Paschalis im Jahre 1111 mit Heinrich V. (1106–1125) im Vertrag von Sutri übereinkam, die innere Verknüpfung der Kirche mit dem Reich zu lösen. Die deutsche Reichskirche sollte ihren gesamten Besitz an Gütern und Rechten dem König zu Verfügung stellen, dafür sollte auch der König auf jegliche Investitur, die dann ja überflüssig geworden wäre, verzichten. Der stürmische Widerspruch der deutschen Fürstbischöfe gegen diesen als undurchführbar angesehenen Lösungsversuch zeigte, dass es damals unmöglich war, altchristliche bzw. moderne Verhältnisse herzustellen.

» Bei der Besitznahme des Laterans wird bei diesem Papst zum ersten Mal eine kuriose Zeremonie beschrieben, die in der Folge auch bei anderen Päpsten erfolgte. Paschalis II. musste sich zum Lateran begeben und sich dort im vollen Ornat auf den so genannten Kotstuhl (sedes stercoraria) setzen, der in der Sitzplatte eine kreisrunde Öffnung besaß. Der Symbolgehalt dieses Sesselritus wie auch des Verbrennens des Wergbüschels war offenkundig: Man wollte damit dem Papst die Vergänglichkeit dieser Welt vor Augen führen und ihn zur Demut mahnen.

Roland Bandinelli aus Siena

Zum Papst gewählt: 7. September 1159
Gestorben: 30. August 1181
Beigesetzt: Lateranbasilika, Rom

Das Pontifikat dieses Juristenpapstes war beherrscht von der Auseinandersetzung mit Friedrich I. Das vom Papst 1179 einberufene 3. Laterankonzil beschloss für die künftigen Papstwahlen die Zweidrittelmehrheit. Dieses Gesetz der Zweidrittelmehrheit bewährte sich in der Folgezeit. Während es vorher eine ganze Reihe von Gegenpäpsten gab, konnten Doppelwahlen in den nächsten zwei Jahrhunderten verhindert werden. Im Jahre 1173 hat Alexander III. Thomas Becket, der am 29. Dezember 1170 von königlichen Rittern in der Kathedrale von Canterbury erschlagen worden war, heilig gesprochen.

» Nachdem sich Papst Alexander III. und Kaiser Friedrich I. beinahe 20 Jahre lang bekämpft hatten, kam es am 25. Juli 1177 in Venedig zum heiß ersehnten Friedensschluss. Schon im Mittelalter erzählte man sich, dass beim Zusammentreffen beider in Venedig vor dem Markusdom im Beisein des Dogen Alexander III. seinen Fuß auf des Kaisers Nacken gesetzt habe, während dieser nicht dem Papst, sondern nur dem Apostelfürsten Petrus Reverenz erweisen wollte. »Non tibi, sed Petro – Nicht dir, sondern Petrus«, soll Friedrich gesagt haben, worauf Alexander schlagfertig ausgerufen haben soll: »Et mihi et Petro – Sowohl mir als auch Petrus!«

Hyazinth Bobo, Römer

Zum Papst gewählt: 10. März 1191
Gestorben: 8. Januar 1198
Beigesetzt: Lateranbasilika, Rom

Nachdem Clemens III. 1191 unerwartet gestorben war, wählten die Kardinäle den Kardinaldiakon Hyazinth, der sich in dankbarer Erinnerung an Cölestin II. (1143–1144) Cölestin III. nannte. Er war der Älteste des Kardinalskollegiums und zählte bei seiner Wahl bereits 85 Lenze. Im Jahre 1158 hatte er als Kardinal einer Delegation angehört, die von den Eppaner Grafen bei Salurn überfallen und ausgeraubt worden war. Cölestin begann sein Pontifikat mit der Kaiserkrönung Heinrichs VI. (1190–1197). Trotz päpstlicher Einwendungen und Warnungen ließ sich Heinrich 1194 in Palermo zum König der Normannen krönen. Die Vereinigung des südlichen Königreiches mit dem Deutschen Reich stellte für den Kirchenstaat eine tödliche Bedrohung dar, die schließlich zum unseligen Kampf zwischen Papsttum und Hohenstaufern führte. Immerhin hatte der Papst seinen bedrohlichen Gegner, der auf dem Höhepunkt seiner Macht 1197 starb, überlebt.

» Als Cölestin III. schon 92 Jahre alt war (für das Mittelalter war dies ein fast unvorstellbares Alter), empfing er einen jungen Geistlichen in Audienz. Beim Abschied sagte dieser:»Heiliger Vater, ich bin sehr traurig, weil ich Sie nicht mehr sehen werde.« Darauf antwortete der greise Papst: »Seien Sie nicht betrübt, Sie sind ja noch so jung!«

Lothar von Segni

Geboren: 1160/61 in Gavignano (Segni)
Zum Papst gewählt: 8. Januar 1198
Gestorben: 16. Juli 1216 in Perugia
Beigesetzt: Lateranbasilika, Rom

Mit der Erhebung Innozenz' III. erreichte das Papsttum seinen absoluten Höhepunkt. Auf ihn geht der Titel Stellvertreter Christi zurück. Mit diesem Papst beginnen auch die Wappen im Papstkatalog. Dem alten Adel der Grafen von Segni entstammend, hatte Innozenz III. sich zu Paris und Bologna gründlichen theologischen und juristischen Studien gewidmet und als Kardinal in den Geschäften der Kurie reiche Erfahrung gesammelt.

Als Papst offenbarte er hohe staatsmännische Fähigkeiten, Weitblick und unermüdlichen Schaffensdrang, gepaart mit einem ausgeprägten Sinn für Gerechtigkeit und Würde. Zeitgenossen feierten ihn als »Stupor mundi – Staunen der Welt« und »Lux mundi – Licht der Welt«, er selbst fühlte sich vollends als Stellvertreter Christi auf Erden, »weniger als Gott, aber mehr als ein Mensch«. Demzufolge hat er die Leitung des Abendlandes beansprucht und das Papsttum zur führenden Ordnungsmacht in der abendländischen Christenheit gemacht.

Gegenüber der unseligen Doppelwahl in Deutschland entschied sich Innozenz III. zugunsten Ottos IV. Damals klagte Walther von Vogelweide über den nunmehr 40-jährigen Innozenz: »O weh, der Papst ist noch zu jung: hilf Herr, deiner Christenheit!« Als Otto sich daranmachte, das Erbe

Friedrichs von Sizilien zu erobern, schleuderte Innozenz den Bann gegen Otto.

Dann veranlasste er die Wahl des jungen Friedrich, der 1212 in Mainz zum deutschen König gekrönt wurde. Eines der größten Verdienste dieses Papstes war es, den Armutsideen des heiligen Franziskus und des heiligen Dominikus in der Kirche Heimatrecht verliehen zu haben. Krönung seines Pontifikates war schließlich das Vierte Laterankonzil 1215.

» Schon in den ersten Wochen seines Pontifikates begann Innozenz III. mit der Wiederherstellung des Kirchenstaates. Dass es dabei nicht immer höchst moralisch zuging, ist verständlich. Der Papst soll in diesem Zusammenhang erklärt haben: »Wer Pech anfasst, beschmutzt sich« (Jesus Sirach 13,1).

Sinisbaldo Fieschi aus Genua

Zum Papst gewählt: 25. Juni 1243
Gestorben: 7. Dezember 1254 in Neapel
Beigesetzt: Dom San Gennaro, Neapel

Innozenz IV., ein hervorragender Jurist und bedenkenloser Diplomat, war ein ebenbürtiger Gegner Friedrichs II. Er entzog sich der Macht des Kaisers durch seine unerwartete Flucht nach Lyon, wo er 1245 ein Konzil abhielt, das den Kaiser wegen Eidbruchs, Sakrilegs und Häresieverdachts absetzte und die deutschen Fürsten zu einer Neuwahl aufrief. Im weiteren Ausbau der Inquisition spielte Innozenz IV. eine unrühmliche Rolle. Mit der Bulle »Ad exstirpandam« führte er 1252 die Folter im Verhör ein.

≫ Es wird berichtet, dass Innozenz IV. nach seinem Tod in Neapel nackt und von allen verlassen auf eine Strohmatte gelegt wurde, »so wie es Brauch ist, wenn Päpste sterben«. Mit diesen und anderen Riten nach dem Tod eines Papstes wollte man offenbar die Unterscheidung zwischen der leiblichen Hinfälligkeit des jeweiligen Papstes und der Unvergänglichkeit des Amtes betonen.

Tebaldo Visconti

Geboren: 1210 in Piacenza
Zum Papst gewählt: 1. September 1271
Gestorben: 10. Januar 1276 in Arezzo
Beigesetzt: Dom von Arezzo

Nach dem Tod Clemens' IV. im Jahre 1268 kam es zur längsten Sedisvakanz der Papstgeschichte. Erst am 1. September 1271 einigten sich die Kardinäle auf den ehemaligen Archidiakon von Lüttich, Tebaldo Visconti, der weder Priester noch Kardinal war und sich gerade auf einer frommen Pilgerreise ins Heilige Land befand. 1272 traf der neue Papst in Rom ein und wurde gekrönt. Gregor X. war eine durchaus lautere und religiös eingestellte Persönlichkeit, kurz, eine der fähigsten Papstgestalten auf dem Papstthron. Reform der Kirche, Union mit den von Türken bedrohten Byzantinern und Hilfe für das Heilige Land waren die Hauptaufgaben dieses Pontifikates. Zur Lösung dieser Probleme berief der Papst 1274 das zweite Konzil von Lyon ein. Von größter Bedeutung war das vom Konzil erlassene Dekret »Ubi periculum«, das für die Papstwahl das Konklave vorschrieb und in allen Einzelheiten regelte. Die Konstitution bestimmte nämlich, dass die Kardinäle spätestens zehn Tage nach dem Tod des Papstes ein von der Außenwelt abgeschlossenes Gemach (cum clave) am Ort des Ablebens des Papstes zu beziehen hätten. Je länger sich die Wahl hinzöge, um so kärglicher sollten ihre Lebensbedingungen werden. Außerdem sollten den Kardinälen während der Sedisvakanz alle Einkünfte entzogen werden.

>> Bei der Wahl 1268 waren die Kardinäle hoffnungslos in eine kaiserliche und eine französische Partei gespalten. Auf Anraten des heiligen Bonaventura schlossen im zweiten Jahr der Wahl die Behörden von Viterbo unter Führung des Podestà Alberto di Montebuono den Papstpalast hermetisch ab, rissen das Dach herunter und setzten die Wähler auf Wasser und Brot. Die Kardinäle blieben aber hart und erreichten eine Aufhebung der Sperre. Erst am 1. September 1271 kam es, wie bereits berichtet, zur Wahl des Archidiakons von Lüttich.

Petrus Juliani

Geboren: 1210/20 in Lissabon
Zum Papst gewählt: 8. September 1276
Gestorben: 20. Mai 1277 in Viterbo
Beigesetzt: Dom von Viterbo

Petrus Juliani stammte aus Lissabon und war der erste und bis heute auch der letzte Portugiese auf dem Papstthron. Er nannte sich Johannes XXI., in der falschen Meinung, dass es einen XX. Papst dieses Namens gegeben habe. Dieser ist aber wohl der Verwirrung in der Zählung der Päpste mit dem Namen Johannes im zehnten und elften Jahrhundert zum Opfer gefallen. Juliani, von Beruf Arzt, widmete sich ganz besonders auch der Philosophie. Als Papst führte er seine gelehrten Studien weiter und überließ die Führung der Geschäfte weitgehend Kardinal Giovanni Gaetano Orsini. Aufgrund seiner medizinischen Kenntnisse erhoffte sich Johannes XXI. ein langes Leben, fand aber ein plötzliches Ende. Im Mai 1277 wurde er von den Trümmern des kurz vorher neu erbauten Studierzimmers im Papstpalast in Viterbo erschlagen.

» Ein Professor der Kirchengeschichte wollte einem Studenten, der die Vorlesung selten besuchte, bei der Prüfung eine Lektion erteilen und stellte ihm zunächst eine Frage über Johannes XXI. Nachdem der Studiosus einiges über den Juliani-Papst erzählt hatte, fragte der Professor nach Johannes XX. Der Prüfling holte weit aus und phantasierte über die Bedeutung dieses Nachfolgers des heiligen Petrus.

Schließlich unterbrach ihn der Professor und wies darauf hin, dass es einen Papst Johannes XX., wie er schon in der Vorlesung betont hatte, nie gegeben habe. Der Student wurde rot wie eine Tomate und besuchte von nun an fleißig die Vorträge aus Kirchengeschichte.

Johannes XX. „übersprungen"

Simon von Brie

Zum Papst gewählt: 22. Februar 1281
Gestorben: 28. März 1285 in Perugia
Beigesetzt: Dom von Perugia

Im Jahre 1281 wurde in einem bewegten Konklave unter massivem Druck Karls von Anjou der Franzose Simon de Brie zum Papst gewählt, der sich Martin IV. nannte, obwohl es weder einen Martin II. noch einen Martin III. je gegeben hat. Die päpstlichen Listen haben nämlich fälschlicherweise Marinus I. und Marinus II. als Martin II. und Martin III. gezählt. Mit der Namenswahl des heiligen Martin von Tours († 397), dem französischen Nationalheiligen, hat der neue Papst, der vor seiner Erhebung Kanzler König Ludwigs IX. gewesen war, gleich zu erkennen gegeben, wessen Kind er war. In der Tat hat er sich zum Hofkaplan Karls von Anjou erniedrigen lassen, der nun zum eigentlichen Herrscher des Kirchenstaates wurde. Ihm zuliebe bannte er sogar den byzantinischen Kaiser Michael VIII. und förderte den lange geplanten Krieg Karls gegen das byzantinische Kaiserreich. Byzanz wurde nur durch die so genannte Sizilianische Vesper 1282 gerettet. Dadurch befreiten sich die Sizilianer vom Joch Karls und riefen Peter von Aragon († 1285), den Gatten der Staufertochter Konstanze, zu Hilfe, der in Palermo als Befreier begrüßt wurde.

>> Josef Imbach erzählt, dass Martin IV., der seine Residenz in Orvieto nahe dem Bolsenasee aufgeschlagen hatte, gera-

37

dezu gierig nach den sich in diesen Gewässern tummelnden Aalen war. Nach einem überaus leckeren und ausgiebigen, reichlich mit Vernaccia begossenen Aalgericht, soll der unglückliche Papst an Bauchkrämpfen gestorben sein. Kurz nach seinem Ableben machte ein Spottvers in Form einer Grabinschrift die Runde: »Es jubeln die Aale hienieden, / denn hier ruht jener in Frieden, / der ihnen den Bauch aufschlitzte / und sie mit Vernaccia bespritzte.« Dante Alighieri (1265–1321) hat Martin IV. ins Fegfeuer zum Abspecken gesteckt. Dort traf er ihn bei seiner Wanderung unter Virgils kundiger Führung: »Mit einem ganz zerfallenen Gesicht. / Die Kirche war ihm früher anvertraut. / Er kam von Tours und läutert jetzt im Fasten / Vernaccia und die Aale aus Bolsena.« Dass Dante Martin IV. nicht wie Nikolaus III. (1277–1280), Bonifaz VIII. (1294–1303) und Clemens V. (1305–1314) in die Hölle gesteckt hat, lässt vermuten, dass selbst der Dichter eine Schwäche für Bolsena-Aale hatte. Noch heute sind die »Anguille del Papa« mit trockenem Vernaccia am Bolsenasee eine Spezialität.

Pietro del Murrone

Geboren: 1215 in Isernia
Zum Papst gewählt: 5. Juli 1294
Abdankung: 13. Dezember 1294
Gestorben: 19. Mai 1296 in Castello di Fumone
Beigesetzt: Santa Maria di Collemaggio, L'Aquila
Heilig gesprochen: 1313
Aus dem Festkalender gestrichen

Nach so vielen Juristenpäpsten wollte man einmal einen ganz unpolitischen, reformeifrigen und heiligmäßigen Oberhirten haben, der die längst fällige Erneuerung der Kirche in Angriff nehmen würde. So wählte man im Jahre 1294 den frommen Einsiedler Petrus von Murrone, der sich Cölestin V. nannte. Er regierte aber nur fünf Monate, denn es zeigte sich bald, dass der theologisch ungebildete, arglos gutmütige und weltunkundige Mann seiner Aufgabe in keiner Weise gewachsen war. Er geriet bald in Abhängigkeit von König Karl II. von Anjou, der ihn veranlasste, seine Residenz sogar nach Neapel zu verlegen. Seine Unzulänglichkeiten erkennend, kam Cölestin der Gedanke, auf sein Amt zu verzichten. Nach Rücksprache mit den Kardinälen, die ihm versicherten, dass eine Abdankung möglich sei, entschloss er sich zum Rücktritt und blieb trotz aller Gegenbemühungen bei seinem Entschluss. Dieser Verzicht rief in der Christenheit große Entrüstung hervor. Da sein Nachfolger Bonifaz VIII. (1294–1303) fürchtete, seine Gegner könnten sich Cölestins bemächtigen und ein Schisma in der Kirche auslösen, ließ er Cölestin bis zu dessen Tode

in der Burg Fumone in Haft halten. Hatte Petrarca Cölestin wegen seiner Demut gepriesen, so verwies ihn Dante im dritten Gesang des »Inferno« unter die Feiglinge, weil er »feig beging den großen Amtsverzicht«.

>> Man erzählt sich, dass Kardinal Gaetani, der Nachfolger Cölestins, durch unwürdige Methoden den »Engelpapst« zum Rücktritt veranlasst hätte. Er hätte nachts mit tiefer Stimme durch den Kamin gerufen: »Celestino, Celestino, ri-tirati – Cölestin, Cölestin, zieh dich zurück.« Cölestin, der glaubte, die Stimme Gottes zu vernehmen, nahm sich das zu Herzen und dankte schleunigst ab.

Benedikt Gaetani

Geboren: um 1230 in Anagni
Zum Papst gewählt: 24. Dezember 1294
Gestorben: 11. Oktober 1303
Beigesetzt: Sankt Peter, Rom

Bonifaz VIII. war zwar eine der willensstärksten, aber auch habgierigsten und herrschsüchtigsten Gestalten auf dem Papstthron. Im Jahre 1300 führte er das erste Heilige Jahr ein. Dieser Papst, der im Konflikt mit dem französischen König Philipp dem Schönen und der Familie Colonna stand, erließ 1302 die berüchtigte Bulle »Unam Sanctam«, die zum klassischen Dokument der päpstlichen Hierokratie wurde. Nach dieser Bulle gibt es nur eine Kirche und außer ihr kein Heil. Die Bulle endet mit dem Satz: »So erklären wir, sagen und bestimmen, dass alle menschliche Kreatur heilsnotwendig dem Papst in Rom untertan sein muss.« Philipp beantwortete das provozierende Dokument mit der Festnahme des Papstes im September 1303 im päpstlichen Schloss zu Anagni. Dass der Papst bei dieser Gelegenheit eine Ohrfeige bekommen hätte, ist Legende. Seinen Gegnern soll er aber zugerufen haben: »Hier mein Nacken, hier mein Haupt«, eher bereit, den Tod zu erleiden, als abzudanken, wie man von ihm verlangte. Bonifaz hat aber diese Demütigung nicht lange überlebt. Schon wenige Wochen später starb er in Rom. Die von seinem Vorgänger Cölestin V. (1294) ausgesprochenen Worte haben sich bewahrheitet: »Wie ein Fuchs bist du hereingekommen, wie ein Löwe wirst du regieren, wie ein Hund wirst du verenden.«

>> Bonifaz VIII., von dem man sagt, dass er zwei Meter groß gewesen sein soll, war eine ausgesprochene Herrschernatur. Er pflegte von sich zu sagen: »Ich bin Cäsar, ich bin Kaiser!« Man erzählt sich, dass er sich noch zu Lebzeiten ein aufwendiges Grabmal errichten ließ, das aber heftige Kritik hervorrief. Auf die Frage des Papstes, was denn dem Monument noch an Schönheit fehle, gab ein Bischof zur Antwort: »Dass Ihr noch nicht drin seid!«

>> Wie bereits gesagt, hatte Bonifaz VIII. eine heftige Auseinandersetzung mit der Familie Colonna, die sich bei der Vergabe von Privilegien vom Papst unrecht behandelt fühlte und aus Rache sogar vor den Toren Roms einen Geldtransport für die Kurie überfiel. Dafür ging der Papst grausam gegen die Familie Colonna vor. Er ließ die Kardinäle Jacopo und Pietro absetzen, gegen die Familie das Kreuz predigen und ihre Hochburg Palestrina dem Erdboden gleichmachen. Agostino Paravicini Bagliani erzählt, dass ein Parteigänger der Colonna, der neu gewählte Erzbischof von Genua, Porchetto Spinola, 1299 in Rom weilte und am Aschermittwoch vom Papst die Asche haben wollte. Der Papst jedoch streute die Asche nicht auf das Haupt, sondern in die Augen des Spinola. Dabei sprach er, indem er die Worte des Ritus parodierte: »Gedenke, dass du ein Ghibelline (Gegner des Papstes) bist und mit allen Ghibellinen zu Asche werden wirst.«

Pierre Roger de Beaufort

Geboren: 1291 in Burg Maumont (Corrèze)
Zum Papst gewählt: 7. Mai 1342
Gestorben: 6. Dezember 1352 in Avignon
Beigesetzt: Abtei La Chaise-Dieu

Obwohl freigebig bis zur Verschwendung, war Clemens VI. der mondänste aller Päpste Avignons. Wie sein Vorgänger Benedikt XII. (1334–1342) Südfranzose und noch mehr als jener von der französischen Politik abhängig, gelang es ihm nicht, zu einer Aussöhnung mit Ludwig dem Bayern zu kommen. Erschwerend kam in diesem Konflikt noch hinzu, dass der Kaiser seinen Sohn Ludwig von Branden-burg mit der Gräfin von Tirol, Margareta Maultasch, ver-heiratete, nachdem diese zuvor ihren Ehemann Johann Heinrich von Böhmen verlassen hatte. Die Auseinander-setzung zwischen Papsttum und Kaisertum erreichte in der feierlichen und in der Heftigkeit ihres Tones kaum zu über-bietenden Exkommunikation Ludwigs durch den Papst ih-ren Höhepunkt. Clemens verhängte auch über Margareta und ihren neuen Ehemann die höchste Kirchenstrafe und über das Land Tirol das Interdikt.

» CLEMENS, der als der glänzendste Vertreter der luxu-riösen Hofhaltung in Avignon gilt, starb 1352. Nachdem ihm der heilige Petrus die Himmelspforte geöffnet hatte, freute sich der auf Erden verwöhnte Papst auf die nun fol-genden himmlischen Mahlzeiten. Doch siehe da, zum Früh-stück gab es nur eine Art Joghurt. Hungrig und enttäuscht erhoffte Clemens nun zu Mittag reichliche Tafelfreuden. Aber auch da wurde er nur mit einem Joghurt abserviert. Nun setzte er alle seine Hoffnung auf das Abendessen. Aber da gab es wieder nur Joghurt. Nun reichte es Clemens. Verärgert ging er zum heiligen Petrus und beklagte sich bitter über das langweilige und kärgliche Essen. Da sagte der Himmelspförtner: »Lieber Clemens, nur für uns beide lohnt sich das Kochen nicht!«

Oddo Colonna

Geboren: 1368 in Genazzano
Zum Papst gewählt: 11. November 1417
Gestorben: 20. Februar 1431
Beigesetzt: Lateranbasilika, Rom

Im Jahre 1417 wählten die in Konstanz versammelten Kardinäle mit je sechs Vertretern der fünf Nationen nach nur dreitägigem Konklave Oddo Colonna zum Papst, der sich nach dem beliebten Tagesheiligen Martin nannte. Damit war das große Schisma beendet. Gleich nach der Wahl übernahm der neue Papst die Leitung des Konzils, das er im April 1418 abschloss. Kurz vor der Abreise verbot er jeglichen Appell an eine allgemeine Kirchenversammlung, womit er zu verstehen gab, dass der Papst über dem Konzil stehe. Als Martin V. 1420 in Rom seinen Einzug hielt, fand er eine dermaßen heruntergekommene Stadt vor, dass sie kaum mehr als Stadt bezeichnet werden konnte. Die Armut war so groß, dass zum Beispiel im Jahre 1414 am Fest von Peter und Paul keine Lampe am Grab der Apostelfürsten angezündet werden konnte. Mit Energie machte sich Martin V. an den Wiederaufbau. In der Lateranbasilika vor dem Papstaltar unten an der Confessio bekam Martin V. ein schönes Grabmal aus Bronze. Wenn ihn eine Inschrift als »Glück für seine Zeit« rühmt, so traf dies vor allem für Rom zu.

≫ Josef Imbach schreibt, dass Martin V. sich den Kleriker Johannes Bockenheim, den er in Konstanz kennen gelernt hatte, als Küchenmeister nach Rom kommen ließ. Von der Kochkunst des deutschen Klerikers war Martin V. derart angetan, dass er ihn mit Privilegien überhäufte. Nach dem Ableben des Papstes vertauschte Bockenheim den Kochlöffel mit der Feder und schrieb ein Kochbuch, das sich heute in der Nationalbibliothek in Paris befindet. In diesem »Registrum coquine« befinden sich nicht nur Rezepte für den päpstlichen Hof, sondern auch für Kurtisanen und Zuhälter. Für diese Kategorie hat der Koch Martins V. folgendes Orangenomelett vorgesehen: »Sic fac fritatem de pomeranciis. Recipe ova percussa, cum pomeranciis ad libitum tuum, et extrahe inde sucum, et mitte ad illa ova cum zucaro; post hoc recipe oleum olive, vel segimine, et fac califeri in patella, et mitte illa ova intus. Et erit pro ruffianis et leccatricibus. – So wird das Orangenomelett zubereitet: Nimm eine angemessene Menge verquirlter Eier und eine entsprechende Anzahl Orangen, presse diese und vermische den Saft mit der Eimasse und rühre den Zucker dazu. Dann erhitze ein wenig Olivenöl oder Fett in einer Pfanne, gieße die Eimasse darüber und brate sie. Dieses schmeckt vornehmlich den Zuhältern und den Kurtisanen.«

Enea Silvio Piccolomini

Geboren: 18. Oktober 1405 in Corsignano bei Siena
Zum Papst gewählt: 18. August 1458
Gestorben: 14. August 1464 in Ancona
Beigesetzt: Sant'Andrea della Valle

Einer der bedeutendsten Renaissance-Päpste war ohne Zweifel Enea Silvio Piccolomini, der sich Pius II. nannte. Sein Vorleben erschien schon seinen Zeitgenossen interessant. In Corsignano bei Siena als Spross einer Adelsfamilie im Jahr 1405 geboren, kam der junge Piccolomini als Sekretär des Kardinals Capranica nach Basel, wo er gegen Eugen IV. und für den Gegenpapst Felix V. wirkte, dessen Sekretär er schließlich wurde. In Wort und Schrift verfocht er die Sache der Basler und des Konziliarismus (das Konzil steht über dem Papst). Von Friedrich III. zum Dichter gekrönt, trat er 1442 in die Reichskanzlei ein und wurde Sekretär des Kaisers. Nach Humanistenart führte er ein sehr lockeres Leben und schrieb noch 1444 im Stil eines echten Boccaccio die viel gelesene Liebesnovelle »Euryalus und Lucrezia«. Mit seiner Priesterweihe im Jahr 1447 gab er jedoch sein frivoles Leben auf und vollzog gleich seinem Freund Nikolaus Cusanus den Wechsel von den Baslern zu Eugen IV. Der seit einiger Zeit zur Gewohnheit gewordenen Unsitte, gegen unliebsame Verordnungen der Kurie an ein Allgemeines Konzil zu appellieren, trat Pius II. 1460 mit der Bulle »Execrabilis« entgegen. Da er aber früher selbst den Konziliarismus vertreten hatte, so fehlte es nicht an sarkastischen Hinweisen auf seinen Gesinnungswandel.

Daher erließ er 1463 die berühmte Retraktationsbulle »In minoribus agentes«, worin er die Ansichten seiner Jugendzeit widerrief und aufforderte: »Aeneam reicite, Pium recipite – Äneas vergesst, Pius nehmt an.« Ziel seines Pontifikates bildete die Rettung der Christenheit vor den Türken. Schließlich wollte sich der Papst selbst an die Spitze einer Flotte stellen und gegen die Türken ziehen. Aber körperlich völlig erschöpft, starb er noch vor seiner Einschiffung in Ancona.

›› Bevor Äneas zum Papst gewählt wurde, haben ihn seine Verwandten nur selten aufgesucht. Als er aber die höchste Stufe der kirchlichen Karriere erreicht hatte, sah er sich ständig belagert von einer nie gesehenen Schar von Familienangehörigen. Da sagte er: »Als ich nur Äneas war, kannte mich niemand, jetzt aber, da ich ›Pio‹ bin, nennen mich alle ›zio‹ – Onkel.«

Pietro Barbo

Geboren: 23. Februar 1418 in Venedig
Zum Papst gewählt: 30. August 1464
Gestorben: 26. Juli 1471
Beigesetzt: Sankt Peter, Rom

Paul II. war der Neffe Eugens IV. (1431–1447), der ihn im Alter von 23 Jahren zum Kardinal erhoben hatte. Der neue Papst besaß einen verschlossenen und schwer zugänglichen Charakter. Er beherrschte die lateinische Sprache nicht und war überhaupt von einer geistigen Flachheit. Mit Kaiser Friedrich III. unterhielt er gute Beziehungen. Er erfüllte ihm einen lange gehegten Wunsch und bestätigte 1469 die Errichtung der Bistümer Wien und Wiener Neustadt. Weil der Papst selbst ein Jubeljahr feiern wollte, hat er 1470 bestimmt, dass künftig alle 25 Jahre eines stattfinden sollte. Aber es war ihm nicht vergönnt, ein solches zu erleben, da ihn 1471 ein Schlaganfall hinwegraffte. Auf diesen Papst geht der Palazzo Venezia in Rom zurück.

» Man erzählt sich, dass der neue Papst, der ein stattlicher und gut aussehender Mann war, sich zunächst »Formosus – der Hübsche« nennen wollte. Da man aber diesen Namen als Zeichen der Eitelkeit hätte deuten können, erhoben die Kardinäle Einspruch. Als Paul II. wegen der eingerissenen Missbräuche das Abbreviatorenkollegium aufhob, verloren zahlreiche Humanisten ihren Unterhalt. Daher rächten sie sich und nannten den Barbo-Papst einen »Barbaro«, einen Barbaren.

Rodrigo de Borja

Geboren: 1. Januar 1431 in Játiva (Valencia)
Zum Papst gewählt: 11. August 1492
Gestorben: 18. August 1503
Beigesetzt: Santa Maria in Montserrat, Rom

Alexander VI. stammte aus der Nähe von Valencia, kam als Neffe des Kardinals Alonso de Borja, des späteren Papstes Calixtus III., nach Rom und wurde 1455 von seinem päpstlichen Onkel ins Heilige Kollegium aufgenommen. Neben dem Franzosen d'Estouteville galt Rodrigo de Borja als der reichste Kardinal seiner Zeit. Seinen Ämtern und seinem Reichtum entsprachen jedoch beileibe nicht seine sittlichen Eigenschaften. In den Jahren 1462–1471 wurden ihm eine Reihe von Kindern von Frauen geboren, deren Namen unbekannt sind. Aus dem etwa 1474 entstandenen Verhältnis mit der schönen Vanozza de Cattanei machte Rodrigo kein Geheimnis. Er bekannte sich auch offen zu seinen Kindern, die aus dieser Verbindung hervorgegangen sind, nämlich Cesare, Juan, Joffré und Lucrezia. In der Leitung des Kirchenstaates erwies sich Alexander VI. als kluger Politiker. Er hat sich der »Konstantinischen Schenkung« bedient, als er 1493 für die neu entdeckten überseeischen Ländereien und Missionsgebiete die Aufteilung in einen spanischen und einen portugiesischen Einflussbereich vollzog. Die Ziehung dieser Demarkationslinie ist als Vertrag von Tordesillas in die Geschichte eingegangen. Sein schamloser Nepotismus und sein unmoralisches Leben sind aber durch nichts zu entschuldigen. Nach dem Tod des Papstes wurde seine Leiche mit Fausthieben in einen viel zu kleinen Sarg gezwängt.

≫ Als Kardinal Rodrigo de Borja an einem römischen Volksfest teilnahm, hörte er, wie ein Jugendlicher hinter ihm »Gnaja! Gnaja!« schrie, das so viel heißt, wie »Kanaille! Kanaille!« Da sagte der Kardinal zu seinem Gefolge: »Dieser kennt uns gut!«

Giuliano della Rovere

Geboren: 1443 in Albissola bei Savona
Zum Papst gewählt: 1. November 1503
Gestorben: 20. Februar 1513
Beigesetzt: San Pietro in Vincoli, Rom

Julius II. war einer der energischsten Päpste der Kirchengeschichte, eine regelrechte Kraftnatur, nicht umsonst wurde er »il terribile« genannt. Der römische Chronist Infessura schreibt: »Alles, was geschieht, lenkt und leitet er ganz nach seinem Willen.« In Julius II. steckte nicht nur ein großer Staatsmann, sondern auch ein ebenbürtiger Mäzen und Bauherr. Durch ihn wurde Rom zum Zentrum der Hochrenaissance, wo die bedeutendsten Künstler wie Bramante, Michelangelo und Raffael wirkten. Mit dem Namen dieses Papstes bleibt der Neubau von Sankt Peter für immer verbunden. Ziel seines Pontifikates war auch die Sicherung des Kirchenstaates. Allerdings ist Julius II. eher in die Fußstapfen eines Feldherrn getreten als in die des heiligen Petrus.

» Die feierliche Grundsteinlegung für den Neubau von Sankt Peter erfolgte 1506. Bis zu seiner Vollendung sollten jedoch nicht weniger als 20 Pontifikate vergehen. Kritik ließ die schonungslose Art, mit der Bramante die ehrwürdige konstantinische Basilika abriss, aufkommen. Dieser Vorgang brachte dem Künstler schon zu Lebzeiten den Beinamen »maestro ruinante« ein.

≫ Julius II. hatte Bramante den Auftrag gegeben, eine Zeichnung für einen kleinen Rundtempel zu erstellen, der dann in San Pietro in Montorio errichtet werden sollte. Bramante ließ nun die Skizze durch seinen Sohn dem Papst zukommen. Julius II., hoch erfreut über die gelungene Zeichnung, führte den Kleinen zu einem Schrein und öffnete ihn. »Oh«, entfuhr es dem Knaben. Der Papst lächelte und sagte: »Siehst du die vielen Goldmünzen? Nimm so viele in deiner Hand Platz haben.« Aber der Knirps erwiderte: »Heiliger Vater, nehmt Ihr, Ihr habt die größere Hand!«

>> Es ist bekannt, dass Julius II. von Ärzten nicht allzu viel hielt. Eines Tages, als er sich längere Zeit unwohl fühlte, rief er aus: »Es ist ein Pack von Faulpelzen, die sich über mein Leiden lustig machen. Aber ich bin noch nicht tot, und vorher werde ich sie alle umbringen.« Der Papst kümmerte sich um die Vorschriften der Mediziner überhaupt nicht, aß viel und trank noch mehr. Jene, die ihn pflegten, brüllte er an: »Wer es wagt, das den Ärzten zu sagen, den werde ich hängen lassen«.

≫ Am 20. Jänner 1507, bevor Julius II. Bologna verließ, um nach Rom zurückzukehren, besuchte er noch Michelangelo, um dort jene Statue zu besichtigen, die er beim Künstler in Auftrag gegeben hatte. Bei dieser Gelegenheit fragte der Bildhauer den Papst, ob er in seiner Rechten das Evangelium oder ein Schwert haben wolle. Julius II. antwortete: »Ein Schwert will ich haben!«

≫ Einer nach seinem Tod veröffentlichten Anekdote zufolge erschien Papst Julius II. an der Himmelstür. Da rief ihm Petrus zu, er sollte sich ein eigenes Paradies bauen, ein recht festes, damit es der Teufel nicht erobere, denn er hätte ja viel Geld, viele tapfere Männer und tüchtige Baumeister. Da Petrus anschließend die Himmelstür zuschlug, stellte Julius ein Ultimatum: Wenn Petrus nicht innerhalb dreier Wochen gütlich übergebe, würde er mit 60.000 Mann anrücken und den Himmel stürmen.

Giovanni de' Medici

Geboren: 11. Dezember 1475 in Florenz
Zum Papst gewählt: 11. März 1513
Gestorben: 1. Dezember 1521
Beigesetzt: Santa Maria sopra Minerva, Rom

Anlässlich der feierlichen Besitznahme des Laterans durch den neu gewählten Papst Leo X. stand in Anspielung auf die Pontifikate Alexanders VI. (1492–1503), Julius' II. (1503–1513) und nun Leos X. auf einem Triumphbogen zu lesen: »Einst hat Venus geherrscht, dann kam an die Reihe der Kriegsgott, nun beginnt der Tag, hehre Minerva, für dich.« *In der Tat war der fein gebildete Sohn Lorenzos de' Medici, der mit 14 Jahren zum Kardinal und mit 37 zum Papst erhoben wurde, ein großer Freund der Humanisten, Literaten und Künstler, die er mit Gunstbezeugungen überhäufte. Leo X. gab sich ganz unbefangen heiterem Lebensgenuss hin nach dem Motto:* »Lasst uns das Papsttum genießen, da Gott es uns verliehen hat.« *Er liebte die Jagd, prunkvolle Feste und Theaterspiele, ohne zu merken, was sich inzwischen in Deutschland zusammenbraute. Am 15. Juni 1520 schleuderte er allerdings die Bannandrohungsbulle* »Exurge Domine« *gegen Luther und am 3. Januar 1521 verhängte er mit der Bulle* »Decet Romanum Pontificem« *den Bann über ihn. Im Allgemeinen war es das Anliegen des Papstes, den Kirchenstaat und Florenz aus dem Ringen der europäischen Großmächte herauszuhalten und seiner Familie bei günstiger Gelegenheit eine Vormachtstellung in Italien zu verschaffen.*

>> Man erzählt sich, dass Leo X. den Tafelfreuden abgöttisch zugetan war. Dementsprechend war auch seine Leibesfülle. Davon spricht auch die kolossale Statue in der römischen Kirche Santa Maria in Aracoeli. Eines Tages prahlte der kleine Pietro: »Mein Onkel ist Dominikaner und alle sagen Pater zu ihm.« Sein Freund entgegnete ihm: »Na, und? Mein Onkel ist Bischof und alle sagen Exzellenz.« Ein Neffe des zukünftigen Medici-Papstes, der sich das Gespräch mitangehört hatte, unterbrach die beiden und sagte lachend: »Mein Onkel ist Kardinal und wiegt weit über 100 Kilo. Wenn er durch die Stadt geht, sagen alle: ›Allmächtiger Gott!‹«

Adrian Florensz

Geboren: 2. März 1459 in Utrecht
Zum Papst gewählt: 9. Januar 1522
Gestorben: 14. September 1523
Beigesetzt: Santa Maria dell'Anima, Rom

Der neue Papst war gelehrt, sittenstreng und fromm. Kurz, er war ein Reformpapst, wie ihn die Zeit erforderte. Schon im Konsistorium konnte ihm Kardinal Cajetan, der bei der Wahl eine entscheidende Rolle gespielt hatte, zurufen: »Du bedarfst keiner Reform, das Haupt ist schon reformiert.« Wegen seiner Reformfreudigkeit fand Hadrian in Rom aber nur wenig Gegenliebe. Höflinge und Literaten machten sich über ihn lustig und dichteten ihm allerlei Laster an. In die Geschichte eingegangen ist dieser bis 1978 letzte nichtitalienische Papst durch ein freimütiges Schuldbekenntnis, in dem es heißt: »Wir wissen wohl, dass auch bei diesem Heiligen Stuhl schon seit manchem Jahr viel Verabscheuungswürdiges vorgekommen ist: Missbräuche in geistlichen Dingen, Übertretungen der Gebote, ja, dass alles sich zum Ärgeren verkehrt hat.« Treffend ist die Inschrift, welche das Grabmal Hadrians VI. in der deutschen Nationalkirche Santa Maria dell'Anima in Rom ziert: »Wehe, wie viel kommt doch darauf an, in welche Zeit auch des trefflichsten Mannes Wirken fällt.«

» Einem Prälaten, der ein notorischer Pfründenjäger war, sagte Hadrian VI.: »Der Papst hat die Pflicht, die Kirchen mit Prälaten zu schmücken, aber nicht mit Kirchen die Prälaten.«

Alessandro Farnese

Geboren: 1468 in Canino bei Viterbo oder in Rom
Zum Papst gewählt: 13. Oktober 1534
Gestorben: 10. November 1549
Beigesetzt: Sankt Peter, Rom

Obschon Paul III. noch ein Kind der Renaissance war und man ihn nicht als den ersten Papst der katholischen Reform ansehen kann, so muss er doch als deren Wegbereiter gelten. Aus allen Bildnissen, die Paul III. darstellen, spricht eine seltene Klugheit.
In der Tat ging allen seinen Handlungen eine sorgfältige Erwägung voraus. Seine Ernennung zum Kardinal war schon 1493 durch Alexander VI. erfolgt. Die Zeitgenossen schrieben diese Auszeichnung des damals 25-jährigen Alessandro nicht so sehr seinen Tugenden zu, sondern eher den offenkundigen Beziehungen seiner Schwester, der schönen Giulia Farnese, zu Alexander VI. Die wiederum übermäßige Begünstigung seiner eigenen Familie ist sicher eine große Schattenseite des Farnese-Papstes. Die aus illegitimer Verbindung vor dem Empfang der höheren Weihen stammenden Kinder Costanza, Paolo, Pierluigi und Ranuccio sowie die Enkel Alessandro der Jüngere und Ottavio wurden zu einer schweren Belastung für sein Pontifikat.
Martin Luther verfasste 1545 sein Pamphlet »Wider das Papsttum zu Rom, vom Teufel gestiftet«. Paul III. förderte aber auch die Reform, und zwar vor allem durch die Ernennung einer Reihe streng kirchlich gesinnter Kardinäle. Im Jahre 1536 setzte Paul III. auch eine Reformkommis-

sion ein, die eine freimütige Denkschrift über die Übel in der Kirche und die Mittel zu ihrer Behebung ausarbeitete. Paul III. förderte dann vor allem die neu entstandenen Ordensgemeinschaften der Theatiner, Kapuziner, Barnabiten, Somasker, Ursulinen und gab 1540 der zukunftsträchtigen Gesellschaft Jesu die Bestätigung. 1542 kam es zur Schaffung der römischen Inquisition. Die größten Verdienste um die katholische Erneuerung erwarb sich Paul III. durch die Einberufung des Konzils von Trient, das 1545 seine Arbeiten aufnehmen konnte.

>> Paul III. hat sich auch auf dem Gebiet der Kunst große Verdienste erworben. Er ließ durch Michelangelo dem Kapitol ein neues Aussehen geben. Dieser malte auch in der Sixtina das 1541 enthüllte Jüngste Gericht und anschließend die Fresken in der Cappella Paolina. Im Jahre 1547 übertrug Paul III. Michelangelo die Bauleitung der Peterskirche. Von diesem Papst sind auch viele Porträts erhalten. Ein vorzügliches Bildnis malte Tizian. Man erzählte sich, dass die Leute, die es betrachteten, den Hut zogen, weil sie glaubten, den Papst selbst zu sehen.

Michele Ghislieri

Geboren: 17. Januar 1504 in Bosco bei Alessandria
Zum Papst gewählt: 7. Januar 1566
Gestorben. 1. Mai 1572
Beigesetzt: Santa Maria Maggiore, Rom
Heilig gesprochen: 1712
Als Heiliger verehrt: 30. April

Pius V., ein ehemaliger Dominikaner und Großinquisitor, war überaus streng und fromm. Täglich las er die Messe, was in jener Zeit selbst für eifrige Priester nicht selbstverständlich war. Großen Eindruck machte er auf das Volk. Leopold von Ranke schreibt: »Das Volk war hingerissen, wenn es ihn in der Prozession sah, barfuß, ohne Kopfbedeckung, mit dem reinen Ausdruck einer ungeheuchelten Frömmigkeit im Gesicht, mit langem schneeweißen Bart; sie meinten, sein bloßer Anblick habe Protestanten bekehrt.« Pius V. war ein Asket. Seine Mahlzeiten waren überaus karg. Dem Koch Bartolomeo Scappi drohte er mit der Strafe der Exkommunikation, falls er an Abstinenztagen der Suppe etwas Verbotenes beimengen würde. Dementsprechend hatte er auch nur Haut und Knochen, wie ein Gesandter schrieb.

Auch die päpstliche Hofhaltung musste sich bemühen, wie der Papst selbst, Sparsamkeit zu üben. Ganz Rom sollte in seine Fußstapfen treten. Man sagte ihm nach, dass er die ganze Stadt in ein Kloster verwandeln wollte.

Pius V. leistete eine positive geistliche Aufbauarbeit. Im Jahre 1566 ließ er den römischen Katechismus, 1568 das römische Brevier und 1570 das römische Messbuch erscheinen. Damit war die römische Liturgie bis zum Zweiten Vatikanischen Konzil fixiert.

Er entsagte jeglicher Art von Nepotismus, bekämpfte Missbräuche und reorganisierte die Kurie. Noch ganz auf dem Boden des mittelalterlichen Kirchenrechtes stehend, bannte er am 25. Februar 1570 mit der Bulle »Regnans in excelsis« Elisabeth von England und setzte sie als Königin ab.

» Man erzählt sich, dass eines Tages ein Pfarrer Roms den Papst bat, Geld für die Erneuerung der Kirche zu geben. Das Gotteshaus sei düster und die Fenster dunkel, so dass die Gläubigen Mühe hätten, etwas zu sehen. Darauf antwortete der Papst nach Johannes 20,29: »Selig sind, die nicht sehen und doch glauben!«

Felice Peretti

Geboren: 13. Dezember 1521 in Grottamare bei Ancona
Zum Papst gewählt: 24. April 1585
Gestorben: 27. August 1590
Beigesetzt: Santa Maria Maggiore, Rom

Sixtus V. war eine imponierende Herrschergestalt, ein geborener Monarch, obwohl er als Kind noch die Schweine seines Vaters in Montalto gehütet hatte. Gregorovius schreibt über das Aussehen des Papstes: »Seine Augen waren lebhaft und klein, seine Augenbrauen dicht und schwarz, sein Bart lang und weiß.« Sixtus besaß eine streng kirchliche Gesinnung und eine staatsmännische Begabung. Königin Elisabeth I. soll gesagt haben, dass er der einzige Mann in Europa war, der ihr zum Ehemann getaugt hätte. Die größten Verdienste um die katholische Reform sammelte er sich durch die Reorganisation der römischen Kurie. Im Jahre 1588 errichtete er 15 Kardinalskongregationen mit genau umschriebenen Kompetenzen. Sixtus gelang auch das Kunststück, die päpstlichen Finanzen in kürzester Zeit in Ordnung zu bringen, obwohl er von einer regelrechten Bauwut besessen war und aus Rom die schönste Stadt der Welt machen wollte. In der Tat: Kein Papst hat es verstanden, dem jahrtausendealten Antlitz der Stadt Rom seine Persönlichkeit so aufzuprägen wie Sixtus V.

>> Man erzählt sich, dass Kardinal Felice Peretti tief gebeugt auf einem Stock ins Konklave zog. Damit bot er sich als Übergangskandidat für eine Wahl an. Die Kardinäle fürch-

ten nämlich nichts mehr, als ein langes, nicht mehr endendes Pontifikat. In der Tat beträgt die Durchschnittsdauer eines Pontifikates, wenn man jenes des heiligen Petrus (weil unsicher) und jenes von Johannes Paul II. ausnimmt, sieben Jahre und drei Monate. Nachdem Sixtus gewählt war, warf er die Krücken von sich und marschierte kerzengerade dahin. Als ihn Kardinal Medici plötzlich verjüngt und majestätisch vor sich stehen sah, sagte er: »Eure Heiligkeit hat nun eine völlig neue Figur!« Darauf entgegnete Sixtus: »Während Wir Kardinal waren, hatten Wir die Welt auf den Schultern, und um sie zu tragen, mussten Wir gebückt gehen. Nun, da Wir Papst sind, haben Wir sie unter den Füßen und können gerade gehen.«

>> Noch heute leben viele Anekdoten vom unerbittlichen Charakter dieses Papstes im Gedächtnis der Römer fort. Mit drakonischer Strenge ging Sixtus V. gegen das Räuberwesen in Rom und im Kirchenstaat vor. Innerhalb weniger Monate machte er den Kirchenstaat zu einer Insel der Sicherheit. Man erzählt sich, dass schon im ersten Regierungsjahr des Papstes in der Ewigen Stadt mehr Köpfe gerollt als Melonen auf den Markt gekommen seien.

>> Im Jahr 1586 ließ Sixtus V. den Obelisken von Sankt Peter an seiner heutigen Stelle aufrichten. Damit das für die damalige Zeit sehr waghalsige Unternehmen nicht gestört würde, hatte der Papst angeordnet, dass jeder, der die Operation in irgendeiner Weise, etwa durch ein lautes Wort, behindern oder stören würde, auf der Stelle zu hängen sei. Als nun im Verlauf der Arbeiten die Seile unter dem Gewicht des Kolosses zu reißen drohten, rief ein Seemann aus

Ligurien: »Wasser auf die Seile!« Der Rat wurde befolgt und das Unternehmen gelang. Der Papst erkannte die entscheidende Bedeutung des Zurufes. Er ließ den Seemann nicht nur nicht hängen, sondern gab ihm auch einen Wunsch frei. Dieser erbat nun für sich und seine Nachkommen das Recht, den Vatikan in Zukunft zum Palmsonntag mit Palmwedeln beliefern zu dürfen. Sixtus nahm das Angebot gerne an.

>> Eines Tages begab sich Sixtus in eine Kirche, wo ein Kreuz war, das angeblich Blut schwitzte. Der Papst nahm das Kreuz und hackte es mit einem Beil entzwei. Dabei rief er aus: »Als Christus bete ich dich an, als Holz zerbreche ich dich!« Dieses Ereignis führte zur folgenden Pasquille: »Guardati o passager da papa Sisto, chè un di non perdonò neppure a Cristo – Hüte dich, oh Wanderer, vor Papst Sixtus, der eines Tages nicht einmal Christus verzieh.«

Ippolito Aldobrandini

Geboren: 24. Februar 1536 in Fano
Zum Papst gewählt: 30. Januar 1592
Gestorben: 5. März 1605
Beigesetzt: Santa Maria Maggiore, Rom

Wie die drei vorhergehenden Päpste, Urban VII. (1590), Gregor XIV. (1590–1591) und Innozenz IX. (1591), stand auch Clemens VIII. unter starkem spanischen Einfluss. Er entstammte einer Juristenfamilie aus Florenz. Der neue Papst führte das Leben eines frommen Priesters und pilgerte allmonatlich zu den sieben Hauptkirchen Roms. Bei der heiligen Messe, die er täglich feierte, soll er immer wieder in Tränen ausgebrochen sein. Wie einen Vater verehrte er Philipp Neri, eine der liebenswürdigsten Gestalten der katholischen Reform in Rom. Von Natur aus furchtsam, war Clemens VIII. kein Mann der raschen Entschlüsse, sondern eher ein ängstlicher Zauderer, der alle Entscheidungen hinausschob. Durch ihn begann die Reformbewegung an Schwung zu verlieren. Großes Aufsehen erregte die Verbrennung des Giordano Bruno im Jahre 1600 in Rom. Im gleichen Jahr wurde ein eindrucksvolles Heiliges Jahr begangen. Die Schar der Pilger schätzte man auf über eine Million. Unter ihnen waren auch die Herzöge von Bayern, der Vizekönig von Neapel und der Bischof von Brixen und Konstanz, Kardinal Andreas von Österreich, der in Rom starb und in der deutschen Nationalkirche Santa Maria dell'Anima begraben wurde.

>> Man erzählt sich, dass der Aldobrandini-Papst einmal einer Schar von Priesteramtskandidaten vor den Ferien besonders die drei P ans Herz legte: 1. Preghiera – Gebet; 2. Purezza – Keuschheit; 3. ... Da fiel ihm das dritte P nicht mehr ein. Da sagte er: »Pstudio – Pstudium.« Dem Wort »Studio« setzte er einfallsreich ganz einfach ein P vor.

Camillo Borghese

Geboren: 17. September 1552 in Rom
Zum Papst gewählt: 16. Mai 1605
Gestorben: 28. Januar 1621
Beigesetzt: Santa Maria Maggiore, Rom

Mit der Republik Venedig geriet Paul V. in eine schwere Auseinandersetzung. Während des Dreißigjährigen Krieges ließ er Kaiser Ferdinand II. und der Liga reichlich Hilfsgelder zufließen. Im Jahre 1614 sorgte er im Zusammenhang mit der Neuausgabe der reformierten liturgischen Bücher für die Veröffentlichung des Rituale Romanum. Ganz besonders förderte Paul V. die Orden und die Kongregationen. So bestätigte er die Satzungen der Oratorianer und unterstützte den von Johannes von Gott gegründeten Orden der Barmherzigen Brüder sowie die für den Krankendienst errichtete Stiftung des Camillo de Lellis. Im Unterschied zu dem bis dahin bei den Päpsten üblichen Vollbart trug Paul V. als Erster den kleinen Kinnbart, den all seine Nachfolger bis Innozenz XII. (1691–1700) sich wachsen ließen. Paul V. war sehr bedächtig und aller Hast abgeneigt. Die Erledigung der Geschäfte ging folglich nur schleppend voran. Bei allen Dingen legte er jedoch größte Gewissenhaftigkeit an den Tag. Auch die einwandfreie Lebensführung und Frömmigkeit wurden am Papst allgemein gerühmt. Stolz verkündet die monumentale Inschrift am Gebälk von Sankt Peter die Vollendung der Fassade »zu Ehren der Apostelfürsten durch Paul V. aus der römischen Familie der Borghese im siebten Jahr seiner Regierung«.

≫ Eines Tages, als Paul V. noch Kardinal war, diskutierte er mit dem venezianischen Botschafter Leonardo Donato über Konfliktstoffe zwischen der Römischen Kurie und der Republik Venedig. Schließlich sagte der Purpurträger: »Wenn ich Papst wäre, würde ich Euch bei der ersten Gelegenheit exkommunizieren.« Darauf antwortete Donato: »Wenn ich Doge wäre, hätte ich für Ihre Exkommunikation nur ein Lächeln übrig.« Es geschah nun tatsächlich, dass Borghese Papst wurde und Donato Doge und beide hielten sich an das gegebene Wort!

≫ Als Paul V. einmal inkognito durch die Via Giulia in Rom schlenderte, näherte sich ihm ein Herr und sagte: »Wissen Sie Monsignore, dass Sie Seiner Heiligkeit Papst Paul V. sehr ähnlich sehen.« Darauf entgegnete ihm Paul V.: »Sie haben Recht, das sagen mir alle!«

Alessandro Ludovisi

Geboren: 9. Januar 1554 in Bologna
Zum Papst gewählt: 9. Februar 1621
Gestorben: 8. Juli 1623
Beigesetzt: Sant'Ignazio, Rom

Alessandro Ludovisi war vor seiner Erhebung Erzbischof von Bologna, wo er vortrefflich gewirkt hatte. Der neue Papst besaß einen aufrechten und wahrheitsliebenden Charakter, dem Winkelzüge und Intrigen absolut fern lagen. Kränklich und mit 67 Jahren altersschwach, ernannte Gregor XV. noch am Tage seiner Krönung seinen 25-jährigen Neffen Ludovico Ludovisi zum Kardinal und übertrug ihm die Leitung der geistlichen und weltlichen Geschäfte des Heiligen Stuhles. Der hochbegabte junge Mann führte die Regierungsgeschäfte mit Energie, Umsicht und Klugheit. Er war es eigentlich, der diesem Pontifikat große Bedeutung verlieh. Nach Ludwig von Pastor († 1928), einem der bekanntesten Papsthistoriker, hat wohl niemals zuvor ein so kurzer Pontifikat so tiefe Spuren in der Kirchengeschichte hinterlassen. Einen Markstein in der Missionsgeschichte bildete die Errichtung der Propagandakongregation im Jahre 1622 als Zentrale für das gesamte kirchliche Missionswesen in aller Welt. Gregor XV., der ein großer Freund der Jesuiten war, kanonisierte Ignatius von Loyola und Franz Xaver, aber auch Theresia von Avila und Philipp Neri.

» Im Briefkasten des Papstes fand sich eines Tages ein Brief mit der Adresse: »An den lieben Gott.« Gregor XV. überlegte lange, ob er den Brief öffnen dürfe. Schließlich nahm er sich

ein Herz und öffnete das Schreiben. Darin stand: »Lieber Gott, es geht mir sehr schlecht. Aber mit 20 Scudi (Währung im Kirchenstaat) wäre mir schon geholfen.« Der Ludovisi-Papst ging der Sache nach und fand heraus, dass es dem Briefschreiber wirklich miserabel ging. So griff er in die Kasse und schickte im Namen Gottes 10 Scudi an den Absender des Briefes. Nach wenigen Tagen erhielt er wieder einen Brief. Darin hieß es: »Lieber Gott, ich danke Dir für die 10 Scudi. Wenn Du aber wieder einmal 20 Scudi schicken solltest, so bitte ich Dich, sie direkt und nicht über den Papst zu schicken, der die Hälfte für sich behalten hat.«

Maffeo Barberini

Geboren: 5. April 1568 in Florenz
Zum Papst gewählt: 6. August 1623
Gestorben: 29. Juli 1644
Beigesetzt: Sankt Peter, Rom

Urban VIII. war hochgebildet und geistreich und besaß einen selbstbewussten, cholerischen Charakter, der keinen Widerspruch duldete. Er hatte auch keine Bedenken, sich zu Lebzeiten eine Ehrensäule auf dem Kapitol zu errichten. Belastet wurde dieser Pontifikat vor allem durch den maßlosen Nepotismus des Papstes. Die Begünstigung Urbans VIII. gegenüber Richelieu führte im Dreißigjährigen Krieg zur Niederlage der Katholiken im Reich und damit zum Ende der Zeit der Gegenreformation. Großes Aufsehen erregte 1633 die Verurteilung des berühmten Naturwissenschaftlers Galileo Galilei († 1642) durch das Heilige Offizium.

>> In der Verschönerung Roms wetteiferte Urban VIII. mit seinen Neffen und erwarb sich dabei unter den Römern nicht nur Freunde. Er ließ den Bronzebeschlag der Vorhallendecke des Pantheons entfernen und daraus Kanonen für die Engelsburg gießen. Ein Teil dieser Bronze wurde für den Baldachin der Peterskirche verwendet. Dieses Vorgehen trug Urban VIII., der aus der Familie der Barberini stammte, eine bissige Pasquille ein, die lautete: »Quod non fecerunt barbari, nunc fecerunt Barberini – Was die Barbaren nicht fertig gebracht haben, das haben jetzt die Barberini gemacht.«

>> Man erzählt sich, dass Urban VIII. sich öfter über vier seiner Verwandten beklagte, die nichts wert waren. Einer war General, aber er wusste das Schwert nicht zu gebrauchen; ein zweiter war Redner, konnte aber nicht reden; ein dritter war Mönch, hatte aber keine Geduld; ein vierter war ein Heiliger, aber er wirkte keine Wunder!

>> Petrus Damiani (1007–1072) hatte für Alexander II. (1061–1073) einen Traktat über die Kürze des Lebens der römischen Bischöfe geschrieben. Darin stellte er fest, dass bis dahin kein Papst die Jahre des heiligen Petrus (angeblich 25) erreicht habe. Daher vertrat er die These, dass die Kürze des Lebens ein Wesensmerkmal des Papstes sei, damit er lerne, den Glanz dieser Welt zu verachten. Noch in der Renaissancezeit war man der Meinung, selbst wenn jemand als Jüngling den päpstlichen Thron besteigen würde, vermöchte er nicht die Jahre des Petrus zu sehen. Es wird nun berichtet, dass ein Priester Urban VIII. auf dem Sterbebett mit leiser Stimme zugeflüstert habe: »Non videbis dies Petri – Du wirst nicht die Tage des Petrus sehen.« Darauf habe ihm der sterbende Papst sofort geantwortet: »Non è di fede – Das gehört nicht zum Glauben.« Der erste Papst, welcher die so genannten Jahre des Petrus nicht nur erreichte, sondern auch bei weitem übertraf, war Pius IX. (1846–1878). Damit war der Glaube Damianis gestorben.

Giambattista Pamfili

Geboren: 6. Mai 1574 in Rom
Zum Papst gewählt: 15. September 1644
Gestorben: 7. Januar 1655
Beigesetzt: Sant'Agnese, Rom

Da Spanien im Konklave von 1644 gegen den aussichtsreichen Kandidaten, Kardinal Sacchetti, das Veto eingelegt hatte, einigten sich die Kardinäle auf Giambattista Pamfili, der sich den Namen Innozenz X. zulegte, weil seine Familie unter Innozenz VIII. (1484–1492) begonnen hatte, in Rom Einfluss zu gewinnen.

Der neue Papst war klug und zurückhaltend, aber auch argwöhnisch und wankelmütig. Nach Pastor war sein Pontifikat weder glänzend noch glücklich. Innozenz X. stand weitgehend unter dem Einfluss der herrschsüchtigen Donna Olimpia Maidalchini, seiner Schwägerin, die in zweiter Ehe mit dem ältesten Bruder des Papstes verheiratet war. Dieser Einfluss ging so weit, dass Diplomaten, Prälaten und selbst Kardinäle sich eifrig um ihre Gunst bemühten. Obwohl sich Olimpia Maidalchini während des Pontifikats ihres Schwagers schamlos bereicherte, weigerte sie sich nach dessen Tod, auch nur die Kosten für den Sarg des Papstes zu tragen. Das römische Volk hatte sie spöttisch »Olim pia – die einstmals Fromme« genannt. Ansonsten sorgte Innozenz X. in Rom für Ruhe und Ordnung.

Die Nepoten seines Vorgängers zog er wegen Veruntreuung öffentlicher Gelder zur Rechenschaft. Sie flüchteten nach Frankreich und fanden dort beim leitenden Minister, Kar-

dinal Mazzarin, einen Beschützer, der Rom sogar mit Krieg drohte. Innozenz erlebte auch das Ende des Dreißigjährigen Krieges durch den Westfälischen Frieden im Jahr 1648, der für die katholische Kirche sehr bedrückende Folgen hatte. Mit diesem Friedensschluss wurde die kirchliche Spaltung des Reiches endgültig festgeschrieben. Gegen die die katholische Kirche schwer schädigenden Bestimmungen – nicht gegen den Frieden als solchen – protestierte der Papst heftig, aber erfolglos mit der Bulle »Zelo domus Dei«.

» Kardinal Pamfili war so hässlich, dass einige Stimmen im Konklave warnten, ihn zum katholischen Oberhaupt zu wählen. Dennoch hat sich der berühmte spanische Maler Diego Velázquez 1650 nicht davon abhalten lassen, ein Porträt Innozenz' X. zu schaffen, das zu den besten der gesamten europäischen Kunst zählt. Geschmeichelt hat der Künstler seinem Modell sicher nicht. Aber er hat psychologisch alles aus diesem abstoßenden Kopf mit dem misstrauischen und durchdringenden Blick herausgeholt. Angesichts des Porträts soll der Papst gesagt haben: »Troppo vero – allzu wahr!«

Fabio Chigi

Geboren: 13. Februar 1599 in Siena
Zum Papst gewählt: 7. April 1655
Gestorben: 22. Mai 1667
Beigesetzt: Sankt Peter, Rom

*In Erinnerung an seinen Landsmann Alexander III.
(1159–1181) nannte sich der neue Papst Alexander VII.
Dabei spielte offenbar die Erinnerung an den berüchtigten
Alexander VI. keine Rolle. Chigi stammte aus einer berühmten sienesischen Familie. Im Jahre 1639 wurde er
Nuntius in Köln und nahm 1648 auch an den Verhand-
lungen zum Westfälischen Frieden teil. Alexander VII. war
fromm, geistig wach, aber kränklich.*

*Gleich nach der Wahl ließ er sich einen Sarg anfertigen
und ins Schlafgemach stellen, um ständig an den Tod erinnert zu werden. Es wird auch erzählt, dass er aus einem
silbernen Becher trank, auf dessen Grund ein Totenkopf
eingraviert war. Mit Alexander VII. begann die Zeit der
französischen Vormachtstellung über das Papsttum. Er
musste sich 1664 einem demütigenden Diktat Ludwigs
XIV. unterwerfen. Ein Trost für den Papst war der Übertritt
der Königin Christine von Schweden zur katholischen Kirche. Die exzentrische Tochter Gustav Adolfs, die 1644 die
Regierung ihres Landes angetreten hatte, stand mit den
bedeutendsten Gelehrten der Zeit, darunter Hugo Grotius
und René Descartes, in Verbindung und lernte auf diese
Weise auch den Katholizismus kennen.*

Am 3. November 1655 erfolgte in der Hofkirche zu Innsbruck vor dem vom Papst abgeordneten Kustoden der Vatikanischen Bibliothek, Lukas Holste aus Hamburg, der selbst Konvertit war, ihre feierliche Aufnahme in die katholische Kirche. Anschließend begab sie sich nach Rom, wo ihr der Papst einen prunkvollen Empfang bereitete. Über dem Torbogen der Porta del Popolo sieht man heute noch die von Alexander VII. zu diesem Anlass selbst verfasste Inschrift: »Felici faustoque ingressui anno salutis 1655 – Der glücklichen und schicksalhaften Einreise im Jahr des Heils 1655«.

>> Alexander VII. soll einmal als Nuntius gefragt worden sein, wer der glücklichste Mensch auf Erden sei. Darauf antwortete er: »Der Papst, weil er seinen Chef erst kennen lernt, wenn er stirbt.«

Emilio Altieri

Geboren: 12. Juli 1590 in Rom
Zum Papst gewählt: 29. April 1670
Gestorben: 22. Juli 1676
Beigesetzt: Sankt Peter, Rom

Wegen der Gegensätze zwischen der spanischen und der französischen Partei zog sich das Konklave 1670 ganze vier Monate hin. Schließlich konnten sich die Kardinäle auf den 80-jährigen Emilio Altieri einigen. Altieri hatte die Diplomatenlaufbahn durchgemacht. Nachdem er in Neapel und Polen als Nuntius gewesen war, wurde er 1669 zum Kardinal erhoben. Ungeachtet seines Alters war der neue Papst immer noch eine stattliche Erscheinung. Sommers wie winters war er schon lange vor Sonnenaufgang auf den Beinen und manchmal erteilte er schon um fünf Uhr morgens Audienzen. Das konnte aber nicht darüber hinwegtäuschen, dass er angesichts seines Alters den Anforderungen dieses Amtes nicht gewachsen war. So sah er sich gezwungen, die Regierungsgeschäfte seinem Adoptivneffen Paluzzi Altieri zu überlassen, der sich dabei übermäßig bereicherte und in der Amtsführung nicht immer eine glückliche Hand bewies. Der Pontifikat Clemens' X. war hauptsächlich von der Türkengefahr überschattet. Im Jahre 1673 gelang es Jan Sobieski, mit finanzieller Unterstützung des Papstes, ein Heer aufzustellen und die Türken am Dnjestr vernichtend zu schlagen.

» Frankreich, unter dessen Druck Clemens X. ständig stand, nahm vor allem auf die Kardinalsernennungen großen Einfluss. Zu einem peinlichen Zwischenfall kam es, als der französische Botschafter den Papst bei einer Audienz zwingen wollte, weitere Kardinalskandidaten des französischen Königs zu ernennen. Als Clemens die Audienz beenden wollte, wurde der Botschafter handgreiflich und drückte den greisen Papst unsanft in den Sessel zurück. Wenige Tage später ernannte Clemens X. sechs neue Kardinäle, unter denen sich kein Kandidat Ludwigs XIV. befand.

» Saint-Simon schildert in seinen Memoiren, wie der berühmte französische Gartenbaumeister André Le Notre (1613–1700) zur Verschönerung der Vatikanischen Gärten nach Rom kam und von Clemens X. in Audienz empfangen wurde. Le Notre war von einer entzückenden Naivität und Spontaneität. Als er den Audienzsaal betrat, vergaß er völlig, vor dem Papst niederzuknien, wie dies das Protokoll bis Pius XII. vorschrieb, und ihm die Füße zu küssen. Anstatt dessen lief er auf den Heiligen Vater zu, fiel ihm um den Hals, küsste ihn auf beide Wangen und sagte: »Ah, guten Tag, mein verehrungswürdiger Vater! Ei, wie freundlich Sie aussehen, und wie froh bin ich, Sie endlich mal zu sehen, und noch bei so guter Gesundheit!«

Benedetto Odescalchi

Geboren: 19. Mai 1611 in Como
Zum Papst gewählt: 21. September 1676
Gestorben: 12. August 1689
Beigesetzt: Sankt Peter, Rom
Selig gesprochen: 1956
Als Seliger verehrt: 12. August

Der neue Papst war ein strenger Asket. Schon als Kardinal hatte er sehr bescheiden und anspruchslos gelebt. Als Papst bezog er im Vatikan die unansehnlichsten Räume. Er war von wahrhaft seelsorglicher Gesinnung. Wenn es um christliche Grundsätze und die päpstliche Autorität ging, konnte er allerdings sehr energisch werden. Innozenz XI. verabscheute jegliche Art von Nepotismus. Öfters sagte er, dass er seinen Neffen Don Livio liebe, weil dieser das wegen seiner Bescheidenheit verdiene.
Aber eben darum wolle er ihn nicht in seinem Palast haben. Dieser Papst wurde schon zu seinen Lebzeiten fast wie ein Heiliger verehrt. Das Verhältnis zum mutwilligen und machthungrigen Ludwig XIV. hat den Odescalchi-Papst schwer belastet. Sein größtes Verdienst war es, ein Bündnis zwischen König Jan Sobieski von Polen und Kaiser Leopold I. zustande gebracht zu haben. Am 12. September 1683 schlugen die vereinten Truppen die Türken bei Wien. Mit Recht hat man Innozenz XI. einen Verteidiger des christlichen Abendlandes genannt.

>> Man erzählt sich, dass ein Geistlicher namens Gallo unbedingt Karriere machen wollte. Innozenz XI., der davon gehört hatte, sagte zu diesem Priester, als er ihn eines Tages traf: »Siehst du, mein Lieber, wenn Wir dich zum Monsignore ernennen würden, wärst du Msgr. Gallo, wenn du dann Bischof würdest, wärst du Exzellenz Gallo, nach der Nominierung zum Kardinal, würdest du Kardinal Gallo heißen; solltest du aber Papst werden, wie würde man dich dann nennen?« »Papagallo«, antwortete der naive Geistliche.

Pietro Ottoboni

Geboren: 22. April 1610 in Venedig
Zum Papst gewählt: 6. Oktober 1689
Gestorben: 1. Februar 1691
Beigesetzt: Sankt Peter, Rom

Im Konklave von 1689 wählten die Kardinäle den beinahe 80-jährigen Venezianer Pietro Ottoboni, der sich Alexander VIII. nannte, weil sich der Neffe von Alexander VII., Kardinal Flavio Chigi, maßgeblich für seine Wahl eingesetzt hatte. Alexander VIII. besaß ein heiteres und freundliches Wesen, das ihm die Sympathien der Römer einbrachte, obwohl sein Pontifikat von einem maßlosen Nepotismus überschattet war. Den kaum 20 Jahre alten Großneffen Pietro ernannte Alexander VIII. zum Kardinal und zum regierenden Nepoten. Auch die anderen Familienmitglieder hat er mit Reichtümern überhäuft. Obwohl Alexander auf Aussöhnung bedacht war, trat in den Beziehungen zu Frankreich kaum eine Entspannung ein. Unnachgiebig zeigte sich Alexander VIII. in der Frage der so genannten Gallikanischen Artikel von 1682, die das Konzil über den Papst setzten. Noch kurz vor seinem Tode hat er sie mit der Konstitution »Inter multiplices« ausdrücklich verurteilt.

>> Angesichts seines hohen Alters gab sich Alexander VIII. offenbar alle Mühe, seine Verwandten noch rechtzeitig zu versorgen. Nicht umsonst hat man dem Papst die Worte in den Mund gelegt: »Beeilen wir uns nach Möglichkeit, denn schon hat die dreiundzwanzigste Stunde geschlagen.«

Antonio Pignatelli

Geboren: 13. März 1615 bei Spinazzola (Basilicata)
Zum Papst gewählt: 12. Juli 1691
Gestorben: 27. September 1700
Beigesetzt: Sankt Peter, Rom

Beim Konklave von 1691 war Kardinal Gregorio Barbarigo der aussichtsreichste Kandidat. Wegen seiner guten Beziehungen zu Frankreich lehnte ihn aber die Wiener Regierung ab. Schließlich einigten sich die Kardinäle auf den 76-jährigen, aus süditalienischem Adel stammenden Antonio Pignatelli, der sich Innozenz XII. nannte.

Seine Namenswahl sollte ein Ausdruck der Dankbarkeit gegenüber Innozenz XI. sein, der dem neuen Papst auch zum Vorbild diente. Wie dieser hielt sich der neue Papst vom Nepotismus frei. Der Nepotismus, das heißt die Begünstigung der Verwandten, war für das Papsttum geradezu sprichwörtlich. Er zieht sich wie ein immer wieder aufbrechendes Krebsgeschwür durch die Papstgeschichte des Mittelalters und der Neuzeit.

Erst Pius V. (1566–1572) brach mit dem politischen Nepotismus und verbot mit der Bulle »Admonet nos« von 1567, Ländereien und Burgen des Kirchenstaates Verwandten als Lehen zu geben. Damit wurde allerdings die Begünstigung auf den finanziellen Bereich verlagert. Das Bestreben vieler Päpste, ihre Familienangehörigen den alten römischen Adelsgeschlechtern gleichzustellen und sie vor allem finanziell zu bereichern, dauerte fort. Innozenz XII. setzte schließlich dieser schamlosen Verwandtenwirtschaft ein

Ende. Mit der Bulle »Romanum decet Pontificem« von 1692 verbot er, die päpstlichen Verwandten in irgendeiner Weise mit Gütern der Kirche zu bereichern. Das Amt des Papstnepoten wurde abgeschafft, an seine Stelle trat nun endgültig in der Leitung der Staatsgeschäfte der Kardinalstaatssekretär. Dieser Papst spielt auch in der Geschichte der Stadt Brixen eine kleine Rolle. Dort musste die wegen Baufälligkeit und Verkehrsbehinderung niedergerissene Erhardskirche auf Befehl des Pignatelli-Papstes wieder aufgebaut werden. Deshalb befindet sich über dem Eingangstor das Papstwappen mit den drei Krügen (Pignate).

» Als ein Maler Innozenz XII. gerade porträtiert hatte, fragte er den Heiligen Vater um ein passendes Sprüchlein, das man unter das Bildnis setzen könnte. Der Papst, dem das Konterfei nicht sonderlich gelungen schien, antwortete: »Matthäus 14,27 – Innozenz XII.« Der Maler eilte nach Hause und schlug neugierig die betreffende Stelle nach. Da fand er zu seinem Schrecken die Worte: »Ich bin es, fürchtet euch nicht!«

Giovanni Francesco Albani

Geboren: 22. Juli 1649 in Urbino
Zum Papst gewählt: 23. November 1700
Gestorben: 19. März 1721
Beigesetzt: Sankt Peter, Rom

Die feine Bildung, die Lauterkeit seines Charakters, der tadellose Lebenswandel und die außerordentliche Freigebigkeit gegenüber den Armen machten diesen Papst bei Hoch und Niedrig beliebt. Dennoch wurde sein Pontifikat reich an Enttäuschungen und Schwierigkeiten. Die Frage der spanischen Erbfolge brachte den Papst in eine schwierige Lage. Aus Furcht vor einer habsburgischen Vormachtstellung in Italien neigte er Frankreich zu. Kaiser Joseph I. (1705–1711), einer der energischsten Habsburger, ließ deshalb einen Teil des Kirchenstaates besetzen. Dabei kam es 1708 zwischen ihm und Clemens XI. zu einem kurzen Krieg, dem letzten bewaffneten Zusammenstoß zwischen einem deutschen Kaiser und einem Papst. Die kaiserlichen Truppen hatten ein leichtes Spiel und zwangen den Papst zu Friedensverhandlungen. Ein Artikel verpflichtete den Papst, den Bruder des Kaisers als spanischen König anzuerkennen. Darauf antwortete Philipp V. von Spanien mit Gegenmaßnahmen. Auch im innerkirchlichen Bereich hatte Clemens XI. wenig Glück. Vor allem der Konflikt mit dem Jansenismus machte ihm viel zu schaffen.

》 Eines Tages soll ein Kardinal Clemens XI. folgende Frage gestellt haben: »Was hätten Adam und Eva getan, wenn sie Chinesen gewesen wären?« Schlagfertig antwortete der Papst: »Sie hätten die Schlange gegessen!« Darauf meinte der Kardinal folgerichtig: »Damit wären Sündenfall und Erlösung überflüssig.«

Michelangelo dei Conti

Geboren: 13. Mai 1655 in Poli bei Palestrina
Zum Papst gewählt: 8. Mai 1721
Gestorben: 7. März 1724
Beigesetzt: Sankt Peter, Rom

Nach dem Tode Clemens' XI. (1700–1721) legte der österreichische Kardinal Althan das Veto gegen die Kandidatur des bisherigen Staatssekretärs Paoluzzi ein. Wegen der langen Regierungszeit Clemens' XI. waren die Kardinäle entschlossen, nur einen älteren Kandidaten in Betracht zu ziehen. Selbst der 61-jährige Cornaro schien ihnen noch zu jung zu sein. Bei Michelangelo dei Conti, der gesundheitlich angeschlagen war, erwartete man keinen langen Pontifikat. Der Name des Papstes erinnerte an Innozenz III. (1198–1216), an den großen Papst des Hochmittelalters, der ebenfalls aus einer Familie Conti stammte. Sonst hatte Innozenz XIII. sehr wenig mit seinem genialen Vorgänger gemein. Der Conti-Papst war bis heute der letzte Nachfolger des heiligen Petrus, der den Namen Innozenz trug. Im 18. Jahrhundert herrschten dann vor allem die »Benedikt« und »Clemens«. Die friedfertige Natur Innozenz' XIII. garantierte einen ruhigen Pontifikat.

>> Bei einer Audienz fragte Innozenz XIII. einen Jungen, wann Adam und Eva aus dem Paradies vertrieben wurden. Darauf antwortete dieser: »Im Herbst.« »Wieso im Herbst?«, fragte der Papst verwundert. Da antwortete der Junge: »Weil da die Äpfel reifen.«

Pietro Francesco Orsini

Geboren: 2. Februar 1649 in Gravina bei Bari
Zum Papst gewählt: 29. Mai 1724
Gestorben: 21. Februar 1730
Beigesetzt: Santa Maria sopra Minerva, Rom

Der neue Papst wollte sich Benedikt XIV. nennen. Da aber die Römer, die den Schisma-Papst Benedikt XIII. (1394–1423) nicht anerkannten, dagegen protestierten, nahm Francesco Orsini den Namen Benedikt XIII. an. Aus seiner Familie waren bereits zwei mittelalterliche Päpste, Cölestin III. (1191–1198) und Nikolaus III. (1277–1280), sowie zahlreiche Kardinäle hervorgegangen. Benedikt XIII., der dem Dominikanerorden angehört hatte, war ein heiligmäßiger Papst, dem aber jegliche politische Erfahrung fehlte. Geradezu verhängnisvoll wirkte sich sein Mangel an Menschenkenntnis aus. Nur so ist es zu erklären, dass er einen so unwürdigen Mann wie Nicolò Coscia zum Kardinal ernannte und ihm eine Stellung verlieh, wie sie früher einem Papstnepoten zukam. Coscia missbrauchte das Vertrauen des Papstes auf schamlose Weise, indem er mit den zu vergebenden Stellen einen regelrechten Handel betrieb und sich damit maßlos bereicherte. Nach dem Tod Benedikts XIII. musste der verhasste Kardinal den Vatikan sofort räumen und die Ewige Stadt fluchtartig verlassen.

>> Man erzählt sich, dass eine italienische Äbtissin, die das Recht hatte, Brustkreuz und Ring zu tragen, von den Klosterinsassen verlangte, diese Insignien ehrfurchtsvoll zu küs-

sen. Während die Nonnen damit keine Probleme hatten, weigerte sich der Klosterkaplan ostentativ, diesem Ritual Folge zu leisten. Da wandte sich die Äbtissin an den Papst, da sie fürchtete, dass durch diese Unterlassung die Klosterdisziplin Schaden erleiden könnte. Benedikt XIII. fällte binnen kürzester Zeit folgendes Urteil: »Der Klostergeistliche braucht der Oberin Kreuz und Ring nicht zu küssen, aber er muss sich vor ihr verbeugen wie vor einer alten Reliquie.«

Lorenzo Corsini

Geboren: 7. April 1652 in Florenz
Zum Papst gewählt: 12. Juli 1730
Gestorben: 6. Februar 1740
Beigesetzt: Lateranbasilika, Rom

Der Corsini-Papst stammte aus einem Florentiner Adelsgeschlecht, das mit Bischof Andreas Corsini von Fiesole († 1373) der Kirche schon einen Heiligen gegeben hatte. Bereits 1721 und 1724 zählte Lorenzo Corsini zu den »papabiles«. Clemens XII. war ein kränklicher Greis, der die meiste Zeit vom Bett aus regieren musste. Nach seiner völligen Erblindung im Jahre 1732 konnte er ohne fremde Hilfe nicht einmal mehr ein Schriftstück unterzeichnen. Die immer wiederkehrenden schweren Erkrankungen des Papstes ließen oft vermuten, sein Tod stehe unmittelbar bevor, was dann wiederum heimliche Konklaveverhandlungen auslöste. Doch machte die zähe Natur des Papstes solche Praktiken immer wieder zunichte. Obwohl Clemens XII. im Jahre 1733 Firrao zum Staatssekretär ernannte, überließ er die Geschäftsführung doch weitgehend seinem Neffen Neri Corsini, der aber für die Politik wenig Interesse zeigte. So kam es, dass die Missstände in der Verwaltung wuchsen, die Schulden stiegen und das Ansehen des Papstes abnahm. Zunächst versuchte Clemens XII. die im vergangenen Pontifikat von Benedikt XIII. (1724–1730) angerichteten Schäden wieder gutzumachen. Gegen Kardinal Coscia, den unwürdigen Mann, ließ er einen Prozess führen, der diesen zu zehnjähriger Kerkerhaft in der Engels-

burg und zur Herausgabe aller auf unrechte Weise erworbenen Güter verurteilte. Auf kirchenpolitischem Gebiet war Clemens XII., mehr noch als seine Vorgänger, den staatskirchlichen Übergriffen der Regierungen ausgesetzt, die sich über die Rechte des Heiligen Stuhles willkürlich hinwegsetzten. Trotz der Finanznot des Kirchenstaates entfaltete Clemens XII. aber ein großartiges Mäzenatentum. Er ließ den prächtigen Trevibrunnen anlegen. Auf ihn geht auch die imposante Fassade der Lateranbasilika zurück.

» Man erzählt sich, dass der greise Papst eines Tages ein Mitglied der Schweizergarde zum Mittagessen einlud. Wie gelähmt saß der Soldat bei Tisch und wischte sich fortwährend den Schweiß von der Stirn. Da sagte Clemens XII.: »Warum bist du so aufgeregt, mein Sohn?« Darauf erwiderte der Schweizer: »Eure Heiligkeit, essen Sie mal mit einem Papst!«

Prospero Lambertini

Geboren: 31. März 1675 in Bologna
Zum Papst gewählt: 17. Juli 1740
Gestorben: 3. Mai 1758
Beigesetzt: Sankt Peter, Rom

Papst Benedikt XIV. war ohne Zweifel der berühmteste und sympathischste Papst des 18. Jahrhunderts. Er machte Rom zum Zentrum der gelehrten Studien. Dem Staatskirchentum des fürstlichen Absolutismus gegenüber ließ er sich von einer Politik der Mäßigung leiten. Auch im innerkirchlichen Bereich war sein Pontifikat fruchtbar. Die Geschichtsschreibung hat daher Benedikt XIV. allgemein sehr positiv beurteilt. Der englische Historiker Thomas Macaulay († 1859) nannte ihn sogar den besten und weisesten unter den zweihundertfünfzig Nachfolgern Petri. Leopold von Ranke war voll des Lobes über das päpstliche Streben nach »friedlicher Koexistenz« von Kirche und Staat. Papst Benedikt XIV. besaß eine ausgeprägte Persönlichkeit. Er war geistreich und humorvoll, frei von jeder Enge und Eitelkeit, unempfindlich gegenüber Schmeicheleien und Kränkungen.

>> Der Papst dankte der Kaiserin Maria Theresia für den edlen Tokaj, den sie ihm hatte zukommen lassen, mit folgenden Worten: »Glücklich das Land, das ihn produziert, glücklich die Kaiserin, die ihn gesandt, noch glücklicher bin ich, der ihn trinkt.«

>> Bei manchem haben die bisweilen derben Scherze des Papstes sogar Ärgernis erregt. So soll er einmal zum Jesuitengeneral Centurioni gesagt haben: »Es ist ein Glaubensartikel, dass ich einen Nachfolger haben werde, aber von Ihnen lässt sich das nicht sagen.« Er schreckte auch nicht davor zurück, sich über seine eigene Würde lustig zu machen. So äußerte er sich einmal: »Wenn auch in meiner Brust alle Wahrheit beschlossen liegt, ich muss gestehen, dass ich den Schlüssel nicht finden kann.« Noch auf seinem Sterbebett neigte er zum Witz. So sagte er zu seinem Leibarzt Ponzio: »Der Herr ist an Pilatus gestorben, ich werde wohl an Pontius sterben.«

>> Zur Zeit Benedikts XIV. führten die 40 vornehmsten Familien von Bologna bei feierlichen Anlässen neben ihren Namen den Titel »Vierzig«, um anzuzeigen, dass sie zur Elite der Stadt zählten. Eines Tages, als sich der Papst in seiner Heimatstadt aufhielt, besuchten ihn einige Mitglieder der Familien Orsi und Lupi. Der Zeremonienmeister kündigte sie dem Papst so an: »Orsi Vierzig, Lupi Vierzig.« Schlagfertig sagte Benedikt XIV.: »Lassen Sie diese achtzig Tiere nur herein!«

Carlo della Torre Rezzonico

Geboren: 7. März 1693 in Venedig
Zum Papst gewählt: 6. Juli 1758
Gestorben: 2. Februar 1769
Beigesetzt: Sankt Peter, Rom

Der neue Papst, der an der Universität Padua studiert hatte, war voller Liebenswürdigkeit und Güte. Er besaß aber auch einen ängstlichen und unentschlossenen Charakter. In pietätvoller Erinnerung an Clemens XII. (1730–1740), der ihn zum Kardinal ernannt hatte, nannte er sich Clemens XIII. Der ganze Pontifikat Clemens' XIII. war von der Jesuitenfrage überschattet. Die Feindschaft gegen den Jesuitenorden resultierte hauptsächlich aus der romfeindlichen Einstellung der Aufklärung, des Staatskirchentums, des Gallikanismus und des Jansenismus. Anderseits gaben aber auch das arrogante Auftreten des Ordens selbst, sein großer Einfluss auf das politische Geschehen, seine Stellungnahmen zu theologischen Fragen und sein Bildungsmonopol Anlass zu Klagen. Trotzdem versuchte Clemens XIII., die Unterdrückung des Ordens zu verhindern. So veröffentlichte er zu dessen Verteidigung 1765 die Bulle »Apostolicam pascendi munus«. Bereits 1759 ist der Orden in Portugal, 1764 in Frankreich, 1767 in Spanien und im Königreich Neapel und Sizilien sowie 1768 in Parma und Piacenza aufgehoben worden.

»» Für Clemens XIII. schuf Canova in der Petersbasilika ein sehr schönes klassizistisches Grabmal. An dem schmucklosen Sarkophag steht links die Religion mit dem Kreuz, eine allerdings etwas zu starr gehaltene Figur. Rechts lehnt der Genius des Todes mit umgekehrter Fackel. Am Kopf dieses Genius, den der Künstler selbst für eines seiner schönsten Werke hielt, erkennt man den Einfluss des Apollo von Belvedere. Die beiden Löwen am Fuß des Grabmales gehören zum Besten, was die Plastik dieser Zeit hervorgebracht hat. Man erzählt sich nun, dass ein Mitarbeiter Canovas, namens Elefante, das Werk mitsignieren wollte. Da der Künstler ihm das verbot, rächte er sich, indem er dem Gesäß des Löwen das Gesicht eines Elefanten gab.

>> Als die Hetzkampagne gegen den Jesuitenorden in Frankreich begann, nahmen die meisten französischen Bischöfe die Jesuiten in Schutz. Der König selbst suchte den Orden zu retten, indem er die Errichtung eines französischen Generalvikariats forderte, wobei es allerdings zu einer Spaltung der Gesellschaft Jesu gekommen wäre. In diesem Zusammenhang soll Clemens XIII. zum Ordensgeneral Lorenzo Ricci gesagt haben: »Aut sint ut sunt, aut non sint – Entweder sollen sie sein, wie sie sind, oder sie sollen nicht sein.«

CLEMENS XIV. (1769–1774)

Antonio Ganganelli

Geboren: 31. Oktober 1705 in Sant'Arcangelo bei Rimini
Zum Papst gewählt: 19. Mai 1769
Gestorben: 22. September 1774
Beigesetzt: Santi Apostoli, Rom

Ganganelli war Franziskanerkonventuale. 1759 wurde er zum Kardinal ernannt. Während er früher als Freund der Jesuiten galt, distanzierte er sich als Kardinal immer mehr von ihnen und nahm sogar Kontakte mit den Gesandten der Bourbonenhöfe auf. Der Vorwurf der Berechnung, den vor allem der bekannte Papsthistoriker Ludwig von Pastor († 1928) gegen ihn erhob, scheint nicht ganz unberechtigt zu sein. Ansonsten war Clemens XIV. mild und liebenswürdig, aber auch unsicher und schwankend sowie übermütig und ehrgeizig. Furcht und Schrecken löste seine Wahl bei den Jesuiten aus. Die Angst war nicht unbegründet. Unter dem Druck der Bourbonenhöfe hob Clemens XIV. 1773 den Jesuitenorden auf. Dadurch wurde die ganze Ohnmacht des Papsttums im 18. Jahrhundert offenbar. Clemens XIV. hat die Aufhebung des Ordens nur um etwas mehr als ein halbes Jahr überlebt.

Es ist nicht verwunderlich, dass all die Aufregungen, die diese Maßnahme begleiteten, seinen Gesundheitszustand untergruben. Als Clemens XIV. am 21. September 1774 starb, verbreitete sich sofort das Gerücht einer Vergiftung durch die Jesuiten. Dies war aber eine haltlose Verleumdung. Interessanterweise hat kein Papst mehr den Namen Clemens gewählt.

Im Kirchenstaat ging man gegen die Ordensmitglieder besonders brutal vor. Der Ordensgeneral Lorenzo Ricci, der ein Mann von tadellosem Charakter war, wurde in Haft genommen und bis zu seinem Tode 1775 in die Engelsburg gesperrt.

» Das Konklave von 1769 war ganz von der Jesuitenfrage beherrscht worden. Die katholischen Mächte waren sich einig, dass kein Freund der Jesuiten gewählt werden dürfe. Spanien forderte von den Papstkandidaten sogar eine verbindliche Zusage, den Orden aufzuheben. Schließlich erklärte Kardinal Ganganelli, dass seiner Meinung nach der Papst das Recht habe, aus wichtigen Gründen den Jesuitenorden aufzuheben. Dem Konklave stattete sogar Kaiser Joseph II. einen Besuch ab. Als ihm einige Kardinäle das künftige Oberhaupt der katholischen Kirche empfahlen, sagte er: »Dafür können Sie besser sorgen als ich, indem sie einen Mann wählen, der die Dinge nicht auf die Spitze treibt.«

» In Preußen und Russland wurde die Aufhebung des Jesuitenordens durch Clemens XIV. sogar untersagt. König Friedrich von Preußen, der die Jesuiten als Lehrer sehr schätzte, fragte sich sogar: »Man unterhält im Zirkus für die Tierkämpfe Tiger und Löwen, warum sollte man nicht auch die Jesuiten dulden?«

Giovanni Angelo Braschi

Geboren: 25. Dezember 1717 in Cesena
Zum Papst gewählt: 15. Februar 1775
Gestorben: 29. August 1799 in Valence
Beigesetzt: Sankt Peter, Rom

Pius VI. war etwas mondän und stolz auf sein gutes Aussehen. In der Tat hatte er eine stattliche Gestalt. Selbst Goethe, der Pius VI. 1776 in Rom sah, erschien er als »die schönste und würdigste Männergestalt«. Der Papst war aber auch fromm und rechtschaffen und zeigte besonders in der Stunde der Heimsuchung großen Mut. Ihm fehlten aber vor allem Weitblick und Willensstärke.

» Ein wichtiges Ereignis im Pontifikat Pius' VI. war der Konflikt mit dem Josephinismus in Österreich. Kaiser Joseph II. nahm eigenmächtig Reformen vor. Im Jahre 1781 erließ er das Toleranzpatent. Ein Jahr später verfügte er die Aufhebung der beschaulichen Orden. Deren Vermögen wurde eingezogen und einem »Religionsfonds« einverleibt. Das Vorgehen des Kaisers bewirkte, dass Pius VI. zu einer wahren Verzweiflungstat griff und Ende Februar 1782 nach Wien reiste, um Joseph II. in seinem Reformeifer anzuhalten. Trotz mehrerer Unterredungen mit dem Kaiser gelang es dem Papst nicht, etwas zu erreichen. Ein Trost für den Papst waren die herzlichen Kundgebungen des Volkes, die ihm überall auf der Reise zuteil wurden. Auf der Rückreise verweilte Pius VI. in Brixen und zelebrierte am Fest Christi Himmelfahrt im Dom das Hochamt. Man erzählt sich, dass Seine

Heiligkeit, als sie in Begleitung des Fürstbischofs Joseph von Spaur den Dom betrat, ausrief: »Che bella cappella!« Die Brixner, die hörten, dass ihre große Kathedrale mit einer Kapelle verglichen wurde, waren bestürzt und beleidigt.

>> Die größte Demütigung seines Pontifikates erlitt Pius VI. durch die Französische Revolution. Im Jahre 1797 spitzte sich die Lage zu, als in Rom der französische General Duphot erschossen wurde. Das Pariser Direktorium ließ am 15. Februar 1798 Rom besetzen und die Republik ausrufen. In Sankt Peter ließen die Revolutionäre sogar ein Tedeum singen. Der Papst wurde festgenommen und nach Frankreich gebracht. Vergebens hatte der 80-jährige Papst gebeten, in Rom sterben zu dürfen. »Sterben können Sie überall«, antwortete ihm ein französischer Offizier. Als der Papst 1799 in Valence, wo man ihn »Bürger Papst« nannte, starb, glaubten viele, dass das Ende des Papsttums gekommen sei. Man nannte den Braschi-Papst Pius den Sechsten und Letzten.

Luigi Barnaba Chiaramonti

Geboren: 14. August 1742 in Cesena
Zum Papst gewählt: 14. März 1800
Gestorben: 20. August 1823
Beigesetzt: Sankt Peter, Rom

Chiaramonti, ein Benediktiner, wurde 1785 Bischof von Imola und Kardinal. Er war ein aufgeschlossener und reformfreudiger Oberhirte. In seiner Bibliothek besaß er sogar die Enzyklopädie von d'Alembert. Im Jahre 1797 erregte er Aufsehen, als er sagte: »*Werdet ganze Christen, dann werdet ihr auch gute Demokraten.*« *Sein Pontifikat war beherrscht von der Auseinandersetzung mit Napoleon, der im Februar 1808 Rom besetzte und den Papst ein Jahr später nach Savona und dann nach Frankreich bringen ließ. Erst 1814 konnte Pius VII. wieder in die Ewige Stadt zurückkehren. Dass er Napoleon die Stirn bot, während sich schon alle Regierungen des Kontinents vor ihm verneigten, brachte dem Papsttum ein großes Prestige ein. 1819 verfasste der französische Philosoph und Gesandte in Petersburg ein Buch mit dem Titel* »*Du Pape*« *(Vom Papst), in dem er den unfehlbaren Papst in einer aus den Fugen geratenen Welt als Garant für Ordnung und Stabilität hinstellte.*

» Auf dem Höhepunkt seiner Macht angelangt, wagte es Napoleon eines Tages zu seinem Häftling Pius VII. zu sagen: »Heiligkeit, die Römische Kirche kommt auch ohne Sie aus.« Darauf erwiderte der Papst ohne mit der Wimper zu zucken: »Genauso wie Frankreich ohne Eure Kaiserliche Hoheit auskommen kann.«

LEO XII. (1823–1829)

Annibale della Genga

Geboren: 22. August 1760 auf Schloss Genga bei Spoleto
Zum Papst gewählt: 28. September 1823
Gestorben: 10. Februar 1829
Beigesetzt: Sankt Peter, Rom

Obwohl Leo XII. von einem rigorosen Reformgeist erfüllt war, besaß er doch nicht das Format, das die Zeiten erforderten. Seine ersten Maßnahmen schienen dem römischen Sprichwort Recht zu geben, nach welchem die Regel eines jeden Papstes jene sei, sich um die seines Vorgängers nicht zu kümmern. Um den Bruch mit Pius VII. besonders hervorzuheben, verlegte Leo XII. die Residenz vom Quirinal, wo er übrigens gewählt wurde, in den Vatikan und entließ den genialen Kardinalstaatssekretär seines Vorgängers, Consalvi. 1825 ließ Leo XII. das Heilige Jahr besonders feierlich begehen. Aus Furcht vor Revolutionären, die die Einheit Italiens herbeiführen wollten, ließ er jeden Rompilger nach feindlichen Schriften und unerlaubten Waffen durchsuchen. Hart ging der Papst gegen den Geheimbund der Carbonari vor. Mit drakonischer Strenge ging er auch daran, die Stadt Rom moralisch zu erneuern. Der Kardinalvikar sollte die Gläubigen, die ihrer Osterpflicht nicht nachkamen, mit Gefängnis bestrafen. Was aber den Unmut der Bürger am meisten erregte, war das berüchtigte Gesetz der Cancelletti, das den Wirten verbot, in ihren Schenken Wein zu verkaufen.

» Während des Konklaves, aus dem der Kardinal Della Genga als Papst hervorgehen sollte, zirkulierte in Rom die Pasquille: »Chi vuol che l'ordine in tutto venga, preghi che scelgasi il Della Genga – Wer will, dass überall wieder Ordnung herrsche, der bete, dass gewählt werde Della Genga.«

» Als Leo XII., der sich äußerst verhasst gemacht hatte, 1829 starb, hieß es in einer Schmähschrift: »Hier ruht Della Genga, zu seinem und zu unserem Frieden.«

» Während seines Pontifikates sagte ein Kanoniker des Laterans, man müsse, um in der Kurie Karriere zu machen, den alten Traktat »De barcamenando – Über das Lavieren« gut beherrschen. Ein Prälat aus dem Trentino hingegen meinte, man sollte Kenntnisse im Slalomfahren haben.

Francesco Saverio Castiglioni

Geboren: 20. November 1761 in Cingoli (Ancona)
Zum Papst gewählt: 31. März 1829
Gestorben: 30. November 1830
Beigesetzt: Sankt Peter, Rom

Schon beim Konklave 1823 galt Kardinal Castiglioni als »papabilis«. Jetzt hinderte ihn seine Krankheit daran, jene Rolle zu spielen, welche die schwierigen Zeiten vom Oberhaupt der katholischen Kirche erforderten. Pius VIII. war bei aller Prinzipientreue im Gegensatz zu seinem Vorgänger ein Mann von Weitblick. Obwohl er einen versöhnlichen Geist besaß, vermochte aber auch er nicht, die ständig zunehmenden Agitationen der Geheimbünde im Kirchenstaat, die die Einigung Italiens erzielen wollten, einzudämmen. In der Kirchenpolitik war Pius VIII. ganz von seinem Österreich ergebenen Staatssekretär Giuseppe Albani abhängig, der aber, nach einem Wort Stendhals, trotz seiner 80 Jahre dreimal mehr Geist und Tatkraft besaß als sein Vorgänger Tommaso Bernetti. Der Papst, der sich vornehmlich religiösen Aufgaben widmete, entwickelte trotz seiner Gebrechen eine erstaunliche Tätigkeit. Dennoch sagten die Römer von ihm: »Egli è un buon vecchio, egli dorme sempre e tutto sta in pace – Er ist ein guter Greis, er schläft immer, und alles hat seine Ruhe.«

» Als Pius VIII. eines Tages einen Monsignore im Vatikan antraf, der beim Brevierbeten sich anschickte, eine Prise Schnupftabak zu nehmen, sagte er: »Was, Sie schnupfen beim Beten?« Darauf erwiderte der Ertappte: »Sie irren, Heiliger Vater, ich bete beim Schnupfen.«

GREGOR XVI. (1831–1846)

Bartolomeo Alberto Cappellari

Geboren: 18. September 1765 in Belluno
Zum Papst gewählt: 2. Februar 1831
Gestorben: 1. Juni 1846
Beigesetzt: Sankt Peter, Rom

Dieser an sich gelehrte Papst war völlig der Tradition verhaftet und hegte größtes Misstrauen gegenüber den liberalen Aspirationen der Zeit. So nannte er in der Enzyklika »Mirari vos« die Gewissensfreiheit einen Wahnwitz. Rom hat er nur selten und Italien nie verlassen. Er sprach auch keine Fremdsprachen und von der Politik verstand er wenig. Verdienste hat sich Gregor XVI. jedoch auf dem Gebiete der Missionen erworben. Ansonsten war er liebenswürdig, fromm und anspruchslos. Auch sein Äußeres war nicht gerade anziehend. Das auffallendste Merkmal seiner Gestalt war die große und rot gefärbte Nase, die beim Volk den Verdacht aufkommen ließ, er habe eine Schwäche für gute Weine. In Wirklichkeit war sie aber die Folge übermäßigen Tabakschnupfens, das schließlich zu einer Entzündung führte.

» Von Gregor XVI. wird erzählt, dass er einmal einen Kardinal in Audienz empfing und ihm eine Prise Schnupftabak anbot. Darauf antwortete die Eminenz: »Heiligkeit, dieses Laster habe ich nicht.« Der Papst entgegnete schlagfertig: »Es ist kein Laster, denn, wenn es eines wäre, hätten Sie es.«

» Unter Gregor XVI. gehörte der preußischen Gesandtschaft im Vatikan ein Mitglied namens Pabst an. Eines Abends überraschte König Friedrich Wilhelm IV. eine gesellige Runde in Berlin, mit der er sich öfters traf, mit der Nachricht: »Heute muss ich Ihnen etwas mitteilen, was unglaublich klingt. In Rom hat der Pabst geheiratet, ich habe ihm alles Gute gewünscht!«

Giovanni Maria Mastai-Ferretti

Geboren: 13. Mai 1792 in Senigallia
Zum Papst gewählt: 16. Juni 1846
Gestorben: 7. Februar 1878
Beigesetzt: San Lorenzo fuori le Mura, Rom
Selig gesprochen: 3. September 2000
Als Seliger verehrt: 7. Februar

Mit der Enzyklika »Quanta cura« und dem so genannten Syllabus, das heißt einer Zusammenstellung der hauptsächlichsten Irrtümer der Zeit, verwarf Pius IX. die Idee, der Papst solle sich mit dem Fortschritt, dem Liberalismus und der modernen Zivilisation aussöhnen. Unter diesem Pontifikat definierte das Erste Vatikanische Konzil 1869–1870 die Lehre vom Primat und die Unfehlbarkeit des Papstes. Viele freuten sich damals darüber und hofften, dass der Papst möglichst viele unfehlbare Definitionen vornehmen möge. Der Ire George Ward äußerte sogar den Wunsch, jeden Morgen zugleich mit dem Frühstück und der Zeitung auch eine unfehlbare päpstliche Enzyklika serviert zu bekommen. Pius IX. war von einer überstarken Erregbarkeit. Nachteilig war auch seine oberflächliche und rudimentäre Ausbildung, wie sie damals bei den meisten Priestern Italiens anzutreffen war. Vor allem war der Papst nicht imstande, die Vielschichtigkeit der verschiedenen Probleme zu sehen. Pius IX. hatte aber viele Vorzüge. Vor allem war er eine stattliche, ja bezaubernde Erscheinung, besaß Witz, Phantasie sowie ein tiefes religiöses Empfinden.

>> Louis Veuillot erzählt in einem seiner Briefe, wie er eines Tages P. Carrière, den Generaloberen der Sulpizianer, bei Pius IX. einzuführen hatte. Nachdem der Papst den ehrwürdigen Pater mit Freude begrüßt hatte, bat er ihn, Platz zu nehmen. Der bezeichnete Stuhl war aber mit Zeitungen bedeckt. Der Gast, verwirrt, machte Anstalten, sie zu entfernen. »Ach«, sagte der Papst, »das sind revolutionäre Zeitungen, da können Sie sich ruhig draufsetzen.«

≫ Am 20. September 1870, kurz nach der Unfehlbarkeitserklärung, besetzten die Piemontesen die Stadt Rom und
bereiteten so dem Kirchenstaat für immer ein Ende. Papst
Pius IX. exkommunizierte alle Urheber und Teilnehmer an
der Eroberung der Ewigen Stadt. Damit war auch der italienische König Viktor Emmanuel II. von der Kirche aus-
geschlossen. Man erzählt sich nun, dass der Papst, um jeg-
liches Missverständnis zu vermeiden, den Kanonikern von
Sankt Peter zu Weihnachten verboten hat, die Antiphon
»O Emmanuel …« zu singen.

≫ Die Unfehlbarkeitserklärung des Ersten Vatikanischen
Konzils fand auch in der Ewigen Stadt nicht nur Befürwor-
ter. Da gab es vor allem bösartige Pasquillen. Pasquino kommentierte das Ereignis wie folgt: »I.N.R.I. – Io Non Ricono-
sco Infallibilità – Ich erkenne die Unfehlbarkeit nicht an.«
Die vier Buchstaben weisen ansonsten auf die nach Johannes 19,19 von Pilatus am Kreuz Christi angebrachte lateinische Inschrift hin: Iesus Nazarenus Rex Iudaeorum.

≫ Pius IX., der durch seinen feinen Humor bekannt war,
bot einmal die Ehe – es war die von Frédéric Ozanam –
Anlass zu einer witzigen Bemerkung. Eines Tages sprach er
mit P. Lacordaire, der über diese Ehe eher traurig als fröh-
lich zu sein schien. »Mein Freund Ozanam«, sagte der Dominikaner, »ist in die Falle der Ehe geraten.« – »Wie kann
das sein«, entgegnete der Papst, »wollen Sie behaupten,
unser Herr hätte sechs Sakramente und eine Falle eingesetzt?«

>> Monsignore de Merode, der Minister der päpstlichen Armee Pius' IX., hatte eine sehr scharfe Zunge. Eines Tages brach er sich ein Bein. Dies veranlasste Pius IX. zu der Bemerkung: »Besser wäre es gewesen, er hätte sich die Zunge gebrochen.«

Vincenzo Gioacchino Pecci

Geboren: 2. August 1810 in Carpineto Romano bei Anagni
Zum Papst gewählt: 20. Februar 1878
Gestorben: 20. Juli 1903
Beigesetzt: Lateranbasilika, Rom

*In der Versöhnung der Kirche mit der modernen Welt sah
dieser Papst das Ziel seines Pontifikates. Seine 1891 erschienene Sozialenzyklika »Rerum novarum« erregte insbeson-
dere wegen ihrer Kritik an den Auswüchsen des Frühkapi-
talismus in aller Welt großes Aufsehen. Durch die
Beendigung des Kulturkampfes, der unter seinem Vorgänger begonnen wurde, war dieser Papst auch den Deutschen
sehr genehm. Leo XIII. war eine Führernatur mit klarem
Blick, Selbstbeherrschung und Sinn für das Mögliche, aber
auch mit einer gewissen Nüchternheit. Er war fein gebildet
und besaß durchaus auch Charme und Witz.*

» So erzählt man sich folgende Anekdote. Leo XIII. verlangte, dass ihm jeder neue Schweizergardist vorgestellt
werde. Bei dieser Gelegenheit pflegte der Papst den neuen
Soldaten drei Fragen zu stellen, und zwar in dieser Reihenfolge: »Wie alt bist du? Wie lange kannst du fasten? Hast
du noch deinen Vater oder deine Mutter?« Als nun ein
Schweizer eingestellt wurde, der nicht Italienisch verstand,
brachte ihm sein Vorgesetzter die Antworten auf die drei
Fragen der Reihe nach bei. Ganz zufällig änderte aber der
Papst an diesem Tag die Reihenfolge und fing mit der zweiten Frage an: »Wie lange kannst du fasten?« – »24 Jahre«,

antwortete der Gardist. – »Wie alt bist du?«, fragte der Papst weiter. – »Zwei Tage«, entgegnete der Soldat. Erstaunt rief nun Leo XIII. aus: »Einer von uns beiden muss den Verstand verloren haben!« Der Schweizer, der diese Worte für die dritte Frage hielt, antwortete prompt: »Beide, Heiligkeit.«

PIUS X. (1903–1914)

Giuseppe Melchiore Sarto

Geboren: 2. Juni 1835 in Riese (Treviso)
Zum Papst gewählt: 4. August 1903
Gestorben: 20. August 1914
Beigesetzt: Sankt Peter, Rom
Heilig gesprochen: 1954
Als Heiliger verehrt: 21. August

*Mit Recht wurde Pius X. ein »konservativer Reformpapst«
genannt. Er ist einerseits als der unbeugsame Antimoder-
nisten-Papst in die Geschichte eingegangen, andererseits
hat er im kirchlichen Bereich Reformen von bleibendem
Wert durchgeführt. Berühmt wurde er durch die Empfeh-
lung des täglichen Kommunionempfanges sowie durch die
Zulassung der Kinderkommunion. Pius X. zeichnete sich
durch seine Liebenswürdigkeit und Güte aus. Wo es aber
um die Rechte der Kirche ging, kannte er keinen Pardon.
Da wich seine sprichwörtliche Milde einer unerbittlichen
Strenge. Das Fehlen einer Universitätsbildung war bei ihm
ohne Zweifel ein Mangel. Kritisches Denken fiel ihm daher
nicht immer leicht. Doch besaß er eine hohe Intelligenz.
Bemerkenswert waren vor allem seine sittlichen Tugenden,
die sicherlich an Heroismus grenzten.*

» Von Pius X., der feinen Humor liebte, wird folgende Anekdote erzählt. Ein österreichischer Industrieller, der in seinen Fabriken unter anderem Geschirr, Bestecke und Ähnli-
ches herstellte, bekam eine Audienz bei Pius X. Zu diesem
Anlass hatte nun der Österreicher ein herrliches Service mit

dem Wappen des Papstes als Geschenk mitgebracht. Im Vorzimmer bewunderten die Dienst tuenden Prälaten das wunderbare Geschenk. Immer wieder machten sie das riesige Etui der Bestecke auf und zu, bis der Papst erschien. Pius X. war ein einfacher und schlichter Papst, der das Service sicher nie selbst gebraucht hat. Aber er wollte es sehen. Gleich stürzten der Industrielle und die Prälaten sich auf das Etui, um es zu öffnen. Aber es ging nicht mehr auf. Das Schloss schien sich in der Eile des letzten Zuklappens, bevor der Papst kam, verklemmt zu haben. Mit rotem Kopf tüftelte einer nach dem anderen umsonst am Schloss herum, bis schließlich der Papst lächelnd hinzutrat und sagte: »Jetzt versuche ich es.« Und Pius X. griff mit aller Ruhe ans Schloss. Mit einem Schlag sprang es auf! Triumphierend und gleichzeitig auch schelmisch herumblickend sagte er: »Da sieht man eben doch, wer die Schlüsselgewalt hat!«

» Einem Jugendlichen aus Paris, der ein schweres Fußleiden hatte, wurde geraten, in die Strümpfe Pius' X. zu schlüpfen. Nachdem der Junge um teures Geld ein Paar erworben hatte, wurde er sofort geheilt. Anlässlich einer Audienz bedankte sich der Junge mit überschwänglichen Worten beim Papst. »Es ist wirklich überraschend«, sagte Pius X. mit einem schelmischen Lächeln, »dass du geheilt worden bist, während du für kurze Zeit meine Strümpfe getragen hast. Ich, der ich sie den ganzen Tag anhabe, habe ständig geschwollene Beine.«

» Heilige sind manchmal schwer zu ertragen. Nach dem Tod Pius' X. soll ein Kuriale gesagt haben: »Mein Gott, nur nicht gleich wieder einen Heiligen.«

Giacomo della Chiesa

Geboren: 21. November 1854 in Genua
Zum Papst gewählt: 3. September 1914
Gestorben: 22. Januar 1922
Beigesetzt: Sankt Peter, Rom

Kirchenpolitisch auf der Linie Leos XIII., fiel die Regierung dieses Papstes in die schweren Jahre des Ersten Weltkrieges. Aufopfernd bemühte er sich um den Frieden unter den Krieg führenden Völkern. Das wichtigste innerkirchliche Ereignis unter Benedikt XV. war die Veröffentlichung des »Codex Juris Canonici« am Pfingstfest 1917. Della Chiesa war klein von Statur und etwas verwachsen, er besaß jedoch einen wachen und vor allem aufgeschlossenen Geist. Der spätere Kardinal Domenico Tardini schrieb, dass Benedikt XV. »klein von Gestalt war, aber überragend an Geist und Herz«.

≫ Als Kardinal Della Chiesa zum Papst gewählt wurde, fiel sein Sekretär Msgr. Migone vor Aufregung in Ohnmacht. Da sagte Benedikt XV.: »Schau mal, wie wenn sie ihn zum Papst gewählt hätten!«

≫ Der Geist, der im Vatikan unter Pius X. geherrscht hatte, und die kirchenpolitischen Ansichten des Substituten Giacomo della Chiesa, des späteren Papstes Benedikt XV., gingen stark auseinander. Daher wurde della Chiesa im Oktober 1907 zum Erzbischof von Bologna ernannt. Obwohl Bologna ein Kardinalssitz ist, musste della Chiesa bis 1914 auf den roten Hut warten. Als sich seine Mutter über die lange Verzögerung bei Pius X. beklagte, erhielt sie die Antwort: »Ihr Sohn macht wenige, aber lange Schritte.« Wie der Kardinal von Bologna dann 1914 zum Konklave nach Rom fuhr, rief man ihm, in Erinnerung an Benedikt XIV., der auch Erzbischof von Bologna gewesen war und Prospero Lambertini hieß, zu: »Prospere, procede, et regna« (Psalm 44,5). Della Chiesa antwortete jedoch schlagfertig: »Ich heiße nicht Prospero, sondern Giacomo.« In Erinnerung an Benedikt XIV. nannte er sich dann aber Benedikt XV.

Wenige, aber große Schritte

Achille Ratti

Geboren: 31. Mai 1857 in Desio bei Monza
Zum Papst gewählt: 6. Februar 1922
Gestorben: 10. Februar 1939
Beigesetzt: Sankt Peter, Rom

Das wichtigste Ereignis im Pontifikat Pius' XI. war ohne Zweifel der Abschluss der Lateranverträge 1929, womit endlich die Römische Frage gelöst worden war. Im Jahre 1933 schloss Pius XI. mit Hitler das Reichskonkordat ab, das der deutschen Kirche einen Rechtstitel gab, um in den Kirchenkampf durch zahlreiche Protestschreiben einzugreifen. In seiner politischen Weitsicht hat dieser bedeutende Papst die Totalitarismen der Zeit wie Faschismus, Nationalsozialismus und Kommunismus in ihrem Wesen erkannt und durch entsprechende Enzykliken verurteilt. Er gehört zu den großen Päpsten der Kirchengeschichte. Sein autoritäres Temperament führte Pius XI. dazu, alles selbst in die Hände zu nehmen, zu kontrollieren und zu leiten. Vor allem gelang es ihm, die Tugend der Nüchternheit und Sachlichkeit mit der des wagemutigen Optimismus zu verbinden. Pius XI. sprach Deutsch, wenn auch nicht so gut wie sein Nachfolger. In seinen Ansprachen bezeichnete er sich oft als der »gemeine Vater« aller katholischen Christen.

≫ Als Pius XI. Kardinal Perosi zum Prosekretär der Konsistorialkongregation ernannte, die für die Bischöfe zuständig war, bat dieser den Papst, ihn davon zu dispensieren, da er sich wegen einer Krankheit hatte einen Fuß abnehmen lassen müssen. Darauf entgegnete Pius XI.: »An der Konsistorialkongregation dienen die Füße nicht, da genügt der Kopf!«

>> Es wird berichtet, dass eine amerikanische Dame bei ihrem Aufenthalt in der Ewigen Stadt möglichst alles sehen wollte. Nachdem sie an vielen Feierlichkeiten teilgenommen und alle Sehenswürdigkeiten kennen gelernt hatte, ließ sie um eine Audienz bei Pius XI. ansuchen. Der Papst nahm sie mit Wohlwollen auf und fragte sie, ob er etwas für sie tun könne. Von so viel Güte überwältigt, rief die Frau aus: »Heiliger Vater, ich möchte so gerne ein Konklave sehen!« Die umstehenden Prälaten haben über diesen Wunsch herzlich gelacht. Der Amerikanerin war nämlich nicht bewusst geworden, dass sie damit den Tod des Papstes wollte.

Eugenio Pacelli

Geboren: 2. März 1876 in Rom
Zum Papst gewählt: 2. März 1939
Gestorben: 9. Oktober 1958
Beigesetzt: Sankt Peter, Rom

*Das im Jahre 1963 erschienene Stück »Der Stellvertreter«
von Hochhuth hat leidenschaftliche Diskussionen über das
Schweigen dieses Papstes gegenüber der Judenverfolgung
durch den Nationalsozialismus ausgelöst. Sicher ist, dass
Pius XII., um Schlimmeres zu verhüten, die Untaten des
Nationalsozialismus nicht angeprangert hat. Hitler soll vom
Pacelli-Papst gesagt haben: »Pius XII.? Dies ist der einzige
Mensch, der mir immer widersprochen und niemals ge-
horcht hat.« An Pius XII. bewunderte man den scharfen Verstand, das ausgezeichnete Gedächtnis, die große Sprachge-
wandtheit, die erstaunliche Kultur, seinen Perfektionsdrang,
die religiöse Persönlichkeit und die gewaltige Arbeitskraft.
Nach dem Tode wurde der Papst aber auch wegen Schwächen kritisiert, die mit dem Alter noch stärker hervortraten.
Domenico Tardini, sein Substitut, schreibt: »Pius XII. war
von Natur aus sanftmütig und fast schüchtern. Er war nicht
mit dem Temperament des Kämpfers geboren. Darin unterschied er sich von seinem großen Vorgänger.«*

>> Als Eugenio Pacelli noch Nuntius in München war,
wollte ihm eines Tages eine Nonne, die nur gebrochen
Italienisch sprach, ein Stäubchen auf dem Talar wegputzen
und sagte: »Tu porco (sporco), io putzo!«

>> Als er später Nuntius in Berlin war und gefragt wurde, wieso sich die Italiener in der Kirche so verhalten, als ob sie im Theater wären, antwortete er: »Aus demselben Grund, weswegen sich die Deutschen im Theater so verhalten, als ob sie in der Kirche wären!«

>> Während Papst Pius XI. das Telefon verabscheute wie der Teufel das Weihwasser, liebte der neu gewählte Pius XII. diese neue Einrichtung geradezu und verwendete sie von Anfang an bei Gesprächen mit Beamten der Kurie. Das war ganz ungewohnt und führte zunächst zu erheblichen Missverständnissen. Als der Pacelli-Papst den Leiter der ersten Sektion des Staatssekretariates anrief und sagte: »Hier spricht der Heilige Vater«, antwortete der Monsignore: »Wenn Sie der Heilige Vater sind, bin ich Napoleon Bonaparte!«

>> Die Verehrung für den Heiligen Vater Pius XII. war in der römischen Kurie so groß, dass jene, mit denen der Papst telefonierte, sofort in die Knie sanken und für die ganze Dauer des Gespräches kniend verharrten.

>> Kardinal Faulhaber von München äußerte sich sehr zufrieden über die Wahl Pius' XII. und bezeichnete ihn gegenüber dem späteren italienischen Ministerpräsidenten Giulio Andreotti als »großen Freund und Kenner des deutschen Volkes«. Die Italiener nannten ihn: »Papa tedesco«. Nach dem Tod Pius' XII. trat Konrad Adenauer für die Ernennung des bekannten Jesuitenpaters Bea zum Kardinal ein. Bei einem freundlichen Gespräch in Rhöndorf mit demselben Andreotti meinte Adenauer, bis jetzt hätten die Deutschen einen eigenen Kardinal in der römischen Kurie nicht gebraucht, weil sie den Papst gehabt hätten.

>> Zehn Minuten vor der Weihnachtsansprache, die Pius XII. vor dem Mikrophon von Radio Vatikan für die ganze Welt halten sollte, wurde er plötzlich von einem Schluckauf geplagt. Da gerieten die Leiter und Techniker des päpstlichen Senders in Panik und versuchten alles, um das lästige Glucksen zum Stillstand zu bringen. Zunächst musste sich der Papst zehn Mal um die eigene Achse drehen. Es half aber nichts. Dann setzte man Pius XII. eine Papiertüte auf den Kopf und er musste versuchen, den Atem möglichst lange anzuhalten. Der Erfolg blieb aber aus. Nun erschreckte man den Papst mit einer plötzlichen Armbewegung. Als auch das nichts nützte, versetzte ein Kammerdiener eine Minute vor der Sendung dem Papst derart einen heftigen Schlag auf den Rücken, dass dieser in sich zusammensack-

te. Und siehe da, der päpstliche Schluckauf war weg und Pius XII. konnte die Ansprache halten, ohne sich auch nur einmal zu versprechen.

» Kardinal Francis Joseph Spellman († 1967), der einflussreiche, sozial aufgeschlossene, aber politisch konservative Erzbischof von New York, wurde eines Tages mit großem Gefolge von Pius XII. in Audienz empfangen. Bei dieser Gelegenheit hielt der hohe Gast, der nur gebrochen Italienisch sprach, eine kurze Rede, die er mit den Worten begann: »Roma è il culo della Cristianità.« Er wollte sagen, Rom ist die Wiege der Christenheit, und verwechselte das Wort »culla – Wiege« mit dem Wort »culo – Gesäß«. Als er sah, wie sich das schon an sich hieratische Gesicht Pius' XII. geradezu versteinerte, merkte er, dass er etwas Falsches gesagt hatte. Daraufhin entschuldigte er sich und fügte hinzu: »La mia italiana non è tanto bella – Meine Italienerin ist nicht besonders schön.« Er wollte natürlich sagen, mein Italienisch ist nicht besonders gut.

Angelo Giuseppe Roncalli

Geboren: 25. November 1881 in Sotto il Monte (Bergamo)
Zum Papst gewählt: 28. Oktober 1958
Gestorben: 3. Juni 1963
Beigesetzt: Sankt Peter, Rom
Selig gesprochen: 3. September 2000
Als Seliger verehrt: 3. Juni

Die Namenswahl Roncallis ließ eine Zeit der Überraschungen ahnen. Im Spätmittelalter hatte es bereits einen Johannes XXIII. gegeben, der es vom Seeräuber bis zum Papst gebracht hatte und auf dem Konzil von Konstanz abgesetzt worden war. Nach dem »Annuario Pontificio« wird er zu den Gegenpäpsten gezählt. In der Reihe der Papstmedaillons von Sankt Paul vor den Mauern in Rom gibt es Johannes XXIII. aber nach wie vor zweimal.

Der Roncalli-Papst war überzeugt, dass die Schlichtheit des Evangeliums diplomatischer Raffiniertheit überlegen ist. Deshalb versuchte er immer die komplizierten Dinge zu vereinfachen, was ihm den Vorwurf der Naivität einbrachte. Er wusste aber besser als viele Intellektuelle, dass die Wirklichkeit sehr vielschichtig ist. Sein Motto war: »Man muss alles sehen, vieles übersehen und weniges korrigieren.« Daher war seine Regierungsform so verschieden von der seines Vorgängers, von dem er sich schon rein äußerlich unterschied: Dem schlank gewachsenen Pius war die bäuerlich dicke Gestalt eines Johannes gefolgt.

Der Name Johannes XXIII. ist vor allem mit dem II. Vatikanischen Konzil verbunden, das er 1962 eröffnete und das für die Geschichte der Kirche eine neue Ära einleitete. Wesentlich zum kirchenpolitischen Programm dieses Papstes gehören auch zwei bedeutende Enzykliken: »Mater et magistra« und »Pacem in terris«. Kaum je zuvor gewann ein Papst in so kurzer Zeit durch seine menschliche Güte, seine tiefe Religiosität, seine vitale Spontaneität und seine Bescheidenheit die Herzen der Gläubigen. Köstlich und ewig wahr sind seine Aussprüche. So sagte er sich: »Giovanni, nimm dich nicht so wichtig.« »Papst kann jeder werden, der beste Beweis bin ich.« »Wenn ich sterbe, kommt der nächste Papst.« Johannes XXIII. zählt gerade auch wegen seines Humors und schalkhaften Wesens zu den beliebtesten und populärsten Päpsten der Kirchengeschichte. Daher gibt es über ihn auch so viele Anekdoten, wie über keinen anderen Papst.

» Im Jahre 1944 übertrug Papst Pius XII. Angelo Giuseppe Roncalli die Nuntiatur in Paris. Begeistertes Lob über den Nuntius hörte man vom Präsidenten der französischen Nationalversammlung Edouard Herriot. Als man Roncalli dies mitteilte, fing er an zu lachen. Dann zog er mit seiner Hand einen weiten Kreis um seinen Leib und sagte: »Ich und Herriot, wir haben denselben Umfang.«

» Bei einem öffentlichen Empfang wurde dem Nuntius der Oberrabbiner von Paris vorgestellt, mit dem Msgr. Roncalli sich dann freundschaftlich zu unterhalten begann. Als die Gäste sich schließlich anschickten, in den großen Salon einzutreten, wollte der Rabbiner dem Nuntius den Vortritt geben. Da sagte Roncalli: »Bitte, zuerst das Alte Testament!«

>> Nuntius Roncalli wurde immer wieder die Frage gestellt: »Empfinden Sie es nicht als peinlich, wenn bei feierlichen Empfängen Damen teilnehmen, die große Dekolletés tragen?« Da antwortete der zukünftige Papst: »Peinlich? Nein, wenn eine Dame ein zu tief ausgeschnittenes Kleid trägt, schaut man nicht auf sie, sondern auf den päpstlichen Nuntius.«

>> Gleich nach der Papstwahl wurde Roncalli in die so genannte »stanza del pianto« neben der Sixtinischen Kapelle geführt, um die Kardinalsgewänder abzulegen und die Papstkleider anzuziehen. Aber keiner der drei vorgefertigten Talare (kleineres, mittleres und großes Maß) passte für den Neugewählten. Während der Zeremoniar versuchte, dem

Papst mit Sicherheitsnadeln das Kleid anzupassen, sagte Johannes XXIII.: »Man sieht nun, dass mich die Schneider nicht als Papst haben wollten!«

>> Bereits im Februar 1962 setzte Johannes XXIII. den Beginn des Konzils für den 11. Oktober desselben Jahres fest. Eine Woche vor Konzilsbeginn überraschte Johannes XXIII. die Welt mit einer Wallfahrt nach Assisi und Loreto, um dort für das Gelingen des Konzils zu beten. Es war die erste Reise, die ein Papst nach dem Verlust des Kirchenstaates im Jahre 1870 unternahm. Die Amerikaner nannten ihn deshalb wohlwollend »Johnnie Walker« und die Römer treffend »Giovanni fuori le mura«.

Johnnie Walker

≫ Johannes XXIII. hat eine Reihe prominenter Theologen, die unter den vorhergehenden Pontifikaten mit Rom in Schwierigkeiten geraten waren, stillschweigend rehabilitiert. Als sich ein erzkonservativer Kurienmann darüber beschwerte, sagte der Roncalli-Papst: »Dove mancano i cavalli, trottano gli asini – Wo die Pferde fehlen, tummeln sich die Esel.«

» Für den Empfang der First Lady aus den USA wollte sich Johannes XXIII. mindestens die Anrede auf Englisch einprägen. Vom sprachkundigen Staatssekretär Cicognani, der viele Jahre im Dienst des Heiligen Stuhles in Washington verbracht hatte, ließ er sich sagen, dass er entweder »Madam« oder »Missis Kennedy« sagen könne. Bevor nun die Gattin des Präsidenten der Vereinigten Staaten die Privatbibliothek betrat, übte der Papst einige Male: »Madam, Missis Kennedy, Madam ...« Als die Frau dann eintrat, vergaß Johannes XXIII. vor Freude über diesen Besuch das Auswendiggelernte. Er breitete die Arme aus, ging strahlend auf sie zu und rief: »Jackie!«

» Eines Tages fragte Johannes XXIII. einen italienischen Jungen: »Wie heißt du?« Dieser antwortete: »Arcangelo.« Darauf sagte der Papst: »Oh, ich heiße nur Angelo.«

» Einmal sagte Johannes XXIII.: »Zu mir wurde gesagt, dass ich bescheiden bin, weil ich die ›Sedia gestatoria‹ (päpstlicher Tragsessel) nicht will, aber ich bin nicht demütig. Ich bin dick und ich habe Angst herunterzufallen.«

Giovanni Battista Montini

Geboren: 26. September 1897 in Concesio bei Brescia
Zum Papst gewählt: 21. Juni 1963
Gestorben: 6. August 1978
Beigesetzt: Sankt Peter, Rom

Papst Paul VI. besaß weder die Ausstrahlung seines Vorgängers noch die suggestive Wirkung seines Nachfolgers. Geschwächt durch Alter und Krankheit, bot er besonders in der Spätphase des Pontifikates immer mehr ein Bild der Hilflosigkeit. Doch in der Rückschau zeichnet sich mehr und mehr ab, dass er durch sein Ernstnehmen des Menschen und dessen Probleme zu den modernsten Päpsten des 20. Jahrhunderts zählt. Nachdem Johannes XXIII. die Türen aufgerissen und frischen Wind in die Kirche gelassen hatte, musste Paul VI. sehen, wie er damit fertig wurde. Immerhin kommt ihm das große Verdienst zu, das Zweite Vatikanische Konzil glücklich zu Ende geführt und das Schifflein Petri ohne allzu große Verluste durch eine Krisenzeit gesteuert zu haben. Er hat die Öffnung der Kirche nach innen wie nach außen genauso gefördert wie durchlitten. Einmal hat er gesagt: »Ich bin wohl eher dazu da, für die Kirche zu leiden, als sie zu leiten.« Als er im Jahre 1968 die viel diskutierte Enzyklika »Humanae vitae«, die die traditionelle Lehre der Kirche über die Geburtenkontrolle bestätigte, veröffentlicht hatte, sagte er: »Ich habe ›Humanae vitae‹ unter Schaudern verfasst.« Der Erzbischof von Wien, Kardinal Franz König, hatte Recht, wenn er schrieb: »Pius XII. hatte den Respekt der Welt, Jo-

hannes XXIII. die Liebe, Paul VI. braucht unser Verste-
hen.«

» Paul VI. hat nach dem Konzil dem Präsidenten der Päpstlichen Kommission für die Liturgie, Kardinal Lercaro von Bologna, weitgehende Vollmachten verliehen und nicht der Ritenkongregation. Eines Tages konnte man am Eingang dieses Ressorts ein Schild mit der Aufschrift sehen: Zu vermieten!

» Als sich ein Missionsbischof bei Paul VI. über die Abschaffung des Latein in der Liturgie beschwerte, tröstete ihn der Papst mit den Worten: »Für die Mission wollen wir noch vier lateinische Worte beibehalten: ›Adveniat, Misereor, Missio und Prosit‹.«

Albino Luciani

Geboren: 17. Oktober 1912 in Canale d'Agordo (Belluno)
Zum Papst gewählt: 26. August 1978
Gestorben: 28. September 1978
Beigesetzt: Sankt Peter, Rom

Im Jahre 1958 wurde Albino Luciani zum Bischof von Vittorio Veneto ernannt, wo er bald frischen Wind in die Diözese brachte. Dem Bischof gelang es, sowohl theologische Texte für das Konzil zu verfassen als auch den einfachen Gläubigen seiner Diözese das Evangelium durch Erzählungen und Anekdoten verständlich zu machen. 1969 ernannte ihn Paul VI. zum Patriarchen von Venedig. Auch in dieser Stellung wahrte Luciani den engen Kontakt mit der Bevölkerung, vor allem mit den kleinen Leuten. Mit Vorliebe trat er im einfachen schwarzen Priesterrock auf, grüßte alle und fand für jeden, der sich an ihn wandte, tröstende Worte. An die Wahl Lucianis zum Papst hatten wohl die wenigsten gedacht. Als der Neugewählte zum ersten Mal auf dem Balkon der Peterskirche erschien, ging ein Aufatmen durch die Menge: Die Kirche hatte endlich wieder einen Papst, der unbefangen lachen konnte! Was er ausstrahlte, war Freude, dem Herrn dienen zu können. Sicher war er kein Karrieremann. In seinem Äußeren glich er weder Paul VI. noch Johannes XXIII., sondern eher dem schmächtigen Benedikt XV. Er hatte dieselbe Adlernase, Kennzeichen eines starken Willens, mit einer darüber sitzenden, gutmütig wirkenden Brille. Es war ein sympathisches Aussehen. Eine römische Zeitung meinte über den

Stil des neuen Papstes: »Viel Johannes und wenig Paul.«
Leider konnte dieser Papst durch sein Lächeln die Welt nur
33 Tage begeistern. Immerhin nahm er die Gelegenheit
wahr, von sich in der Ichform zu sprechen und zu betonen,
dass sich das Reich Gottes nicht mit der Vorstellung des
Menschen decke und dass Gott mehr Mutter als Vater sei.

≫ Man erzählt sich, dass Luciani als neuer Kaplan einmal
Schwierigkeiten hatte, in seiner Pfarrkirche den Tabernakel
aufzusperren, weil das Schloss klemmte. Da sagte er leise,
aber bei eingeschaltetem Mikrofon im ganzen Gotteshaus
hörbar: »Che diavolo c'è qui dentro? – Welcher Teufel ist
denn da drinnen?«

≫ Eines Tages, als der Luciani-Papst noch Bischof von Vittorio Veneto war, hielt er in einer Kirche eine Predigt. Da
fiel ihm sein Stichwortzettel auf den Boden. Er bückte sich,
hob das Papierstück auf und knallte beim Hochkommen mit
dem Kopf gegen den Ambo, an dem das eingeschaltete Mikrofon befestigt war. »Zum Teufel mit dem Konzil!«, soll er
da halb lachend gesagt haben und die Gemeinde, die das
hörte, lachte herzlich mit. (Der Ambo geht nämlich auf die
liturgischen Reformen durch das Konzil zurück.)

≫ Einmal soll Johannes Paul I. gesagt haben: »Zwei Dinge
sind im Vatikan schwer zu bekommen: Ehrlichkeit und eine
gute Tasse Kaffee.«

Karol Wojtyla

Geboren: 18. Mai 1920 in Wadowice bei Krakau
Zum Papst gewählt: 16. Oktober 1978
Gestorben: 2. April 2005
Beigesetzt: Sankt Peter, Rom
Selig gesprochen: 1. Mai 2011
Als Seliger verehrt: 22. Oktober

Seit 1522 hat es das nicht mehr gegeben, dass ein Nichtitaliener zum Papst gewählt wurde. Johannes Paul II. war nicht nur der erste Slawe in der langen Reihe der Päpste, sondern auch der erste Papst aus einem kommunistischen Land. Diesem Papst mit seinen vielen Reisen rund um den Erdball ging es vor allem um die Überwindung des Kommunismus und des westlichen Kapitalismus. Einen tiefen Einschnitt in diesem Pontifikat stellte das Attentat durch den Türken Ali Agca am 13. Mai 1981 dar. Seinen Stil hat der Papst auch nach dem Anschlag kaum geändert, aber sein Lächeln war nicht mehr so wie früher.
Innerkirchlich wurde Johannes Paul II. von nicht wenigen Katholiken und Priestern für den Reformstau kritisiert. Besonders einige Bischofsernennungen in Österreich, wie jene von Hans Hermann Groer und Kurt Krenn, hatten katastrophale Folgen. In der Ökumene herrschte weitgehend Stillstand. Trotzdem war Johannes Paul II. der Papst der Rekorde und Superlative. Er wurde nie müde, für die Würde des Menschen und den Frieden in der Welt einzutreten. Bei seiner Beerdigung am 8. April 2005 forderte die Masse „Santo subito" (sofort heilig). Wenn dies auch nicht gleich geschah, so erfolgte die Seligsprechung doch in Rekordzeit.

≫ Ein römischer Monsignore, der die Wahl des Kardinals Karol Wojtyla zum Papst vorausgesehen hatte, sagte, als er nach dem Tod Johannes Pauls I. 1978 in den Zeitungen unter den »papabiles« auch den damaligen Kardinal von Palermo angeführt sah: »Dieser besitzt einen Schreibnamen, der ihn von der Wahl ausschließt. Könnt ihr euch einen Papst vorstellen, der Papa-Papalardo heißt?« Der Kardinal von Palermo hieß nämlich Papalardo.

≫ Eines Tages empfing Papst Johannes Paul II. Msgr. Francesco Gioia, der kurz vorher Erzbischof von Camerino-San Severino (Marche) geworden war. Da der Heilige Vater wusste, dass der neue Bischof Kapuziner war, sagte er, als er ihn ohne Bart sah: »Cappuccino senza barba, macchina senza targa« – »Kapuziner ohne Bart, ein Auto ohne Kennzeichen.«

>> Papst Johannes Paul II. war als Kardinal von Krakau ein leidenschaftlicher Skifahrer. Als ein ausländischer Journalist ihm klar machen wollte, dass es ungeziemend sei für einen Kardinal, derlei Sport zu betreiben, antwortete Wojtyla: »Sehen Sie, bei uns ist das eine normale Sache. Bedenken Sie, dass in Polen die Hälfte der Kardinäle Ski läuft« (damals gab es in Polen außer Kardinal Wojtyla nur noch Kardinal Wyszynski von Warschau).

>> Johannes Paul II. fragte eines Tages den himmlischen Vater: »Herr, wird es nach mir wieder einen polnischen Papst geben?« Da antwortete Gott: »Nicht, solange ich lebe.«

>> Nach über 25 Jahren auf dem Stuhl des hl. Petrus war Johannes Paul II. auf dem Höhepunkt seiner Popularität, aber auch am Ende seiner Kräfte. Seit Jahren litt er unter der Parkinson-Krankheit sowie unter Arthrose. Er konnte kaum noch gehen und nur noch mit Mühe sprechen. In dieser leidvollen Situation betete ein Rompilger in Sankt Peter: „Lieber Gott, erhalte unseren Papst Johannes Paul II., Johannes Paul I. hast Du schon erhalten."

BENEDIKT XVI. seit 2005

Joseph Ratzinger

Geboren: 16. April 1927 in Marktl am Inn
Zum Papst gewählt: 19. April 2005

Mit seinen scharfen Zeitanalysen, seinem sorgsamen Wachen über die Rechtgläubigkeit und seiner tiefen Religiosität hat sich Ratzinger als Professor, Bischof und Präfekt der Glaubenskongregation in der katholischen Welt großes Ansehen erworben. Gelegentlich als Panzerkardinal verschrien, genoss Ratzinger schon vor der Besteigung des päpstlichen Stuhles große Verehrung. Als erster deutscher Papst seit Viktor II. (1055–1057) wurde seine Wahl von vielen in Deutschland begrüßt. Die Zeitung „Bild" titelte: „Wir sind Papst". Sein Bruder Georg kommentierte allerdings: „Mir wäre lieber gewesen, es wäre anders gekommen." Bei seiner Wahl zählte Ratzinger bereits 78 Jahre und war damit seit Klemens XII. (1730–1740) der älteste Papst.

Sein Pontifikat verlief bisher nicht ohne Pannen. Die Aufhebung der Exkommunikation des lefebvrianischen Bischofs Richard Williamson, der den Holocaust geleugnet hatte, führte im Jahre 2009 weltweit zum Eklat und der peinliche Diebstahl geheimer Dokumente des Papstes im Jahre 2012 wurde selbst von Vatikansprecher P. Federico Lombardi als „Vatileaks" bezeichnet. Dem Papst geht es aber immer wieder um den Glauben. Das Leitmotiv seiner Reden, Enzykliken und Bücher besteht in der Überwindung der Trennung von Glaube und Vernunft. Kardinal Walter Kasper sagte einmal: Zu Johannes Paul II. gingen die Menschen hin, um ihn zu sehen. Zu Benedikt jedoch geht man vor allem, um ihn zu hören.

137

>> Als der berühmte Erzbischof von München und Freising Kardinal Michael von Faulhaber (1869–1952) im Jahre 1930 zur Firmung nach Tittmoning kam, erschien beim Empfang auch der Gendarmeriemeister Joseph Ratzinger mit seinem Sohn, dem zukünftigen Papst Benedikt XVI. Den jungen Ratzinger, der damals gerade drei Jahre alt war, beeindruckte die stattliche Gestalt des Kardinals mit seiner prachtvollen Robe derart, dass er ganz spontan ausrief: „Ich werde mal Kardinal!" In der Tat wurde Ratzinger von Papst Paul VI. am 27. Juni 1977 zum Kardinal kreiert.

>> Regens Ivo Muser, der 2011 Bischof von Bozen-Brixen wurde, war im Brixner Priesterseminar wiederholt Gastgeber von Kardinal Joseph Ratzinger, der dort gerne seinen

Sommerurlaub verbrachte. Als der Präfekt der Glaubenskongregation im Jahre 2004 seine Ferien in der alten Bi-
schofsstadt beendete, begleitete Regens Muser Ratzinger
von Brixen nach Regensburg. Als das Auto in Kufstein über
die Grenze fuhr, sagte der Kardinal sichtlich erfreut: „Herr
Regens, merken Sie den Unterschied? Wir sind jetzt in Bayern und schon ist die Luft anders!" Der Regens, der mit diesem Urteil nicht ganz einverstanden war, verteidigte die
Südtiroler und die österreichische Luft. Darauf erwiderte
der Kardinal: „Wenn ich jetzt Papst wäre, würde ich ex
cathedra entscheiden, dass in Bayern die Luft besser ist!"
Acht Monate später war er Papst!

» Vom 22. bis 25. September 2011 stattete Benedikt XVI.
Deutschland den ersten Staatsbesuch ab. Die Reise, die im
Vorfeld harte Auseinandersetzungen ausgelöst hatte, wurde
alles in allem zu einem Erfolg. Ganz ungeschoren kam der
Papst aber nicht davon. Da er unangeschnallt in seinem glä-
sernen Papamobil in Freiburg unterwegs war, wurde er von
einem Mann aus Dortmund angezeigt. Die Stadt befand jedoch, dass der Stellvertreter Jesu Christi keine Sünde begangen habe, da die Straße gesperrt war. Daher bekam er
auch kein Knöllchen. Als Benedikt XVI. diese Nachricht in
Rom erfuhr, soll er mit einem Lächeln reagiert haben.

AUSGEWÄHLTE LITERATUR

ANONYMUS, Anche in Vaticano … Aneddoti, curiosità, facezie sui Papi del XX secolo, Mailand 1999.

Der lachende Kirchturm. Vergnügliche Geschichten und Anekdoten, Freiburg 1980.

H. FESQUET, Ich bin ja nur der Papst. Humor und Weisheit. Johannes XXIII., Freiburg 1980.

H. FUHRMANN, Die Päpste. Von Petrus zu Johannes Paul II., München 1998.

J. GELMI, Die Päpste in Lebensbildern. Zweite, völlig neu bearbeitete Auflage, Graz-Wien-Köln 1989.

J. GELMI, Die Päpste in Kurzbiographien. Von Petrus bis Benedikt XVI., 2. erweiterte Auflage, Kevelaer 2005.

J. GELMI, Das Papsttum. Beschreibung einer faszinierenden Institution, Kevelaer 2007.

J. GELMI, Die Päpste mit dem Namen Benedikt, Brixen 2008.

J. GELMI, Papst Benedikt XVI. und Brixen. Geschichte einer Beziehung, Brixen 2008.

J. GELMI (Hg.), Benedictus PP XVI. Hofburg Brixen-Bressanone, Brixen 2011.

B. HÜLSEBUSCH, Ein Fels mit Charme. Papst Johannes Paul II. Anekdoten und Erinnerungen, Leipzig 2001.

B. HÜLSEBUSCH, Ein „Münchner" in Rom, Leipzig 2012.

J. IMBACH, Was Päpsten und Prälaten schmeckte, Würzburg 1997.

K. KLINGER, Ein Papst lacht. Anekdoten um Johannes XXIII., Freiburg 1963.

K. H. MELTERS, Missio Närrisches, Trier 1977.

A. MEYER, Den Papst wird niemand stehlen. Anekdoten von Pius IX. bis Pius XII., Freiburg 1978.

R. Lill, Die Macht der Päpste, Kevelaer 2011.

A. Paravicini Bagliani, Der Leib des Papstes. Eine Theologie der Hinfälligkeit, München 1997.

A. Pintonello, I papi. Sintesi storica, curiosità, aneddotica, Rom ³1980.

K. Schatz, Der päpstliche Primat. Seine Geschichte von den Ursprüngen bis zur Gegenwart, Würzburg 1990.

B. Steimer (Redaktion), Lexikon der Päpste und des Papsttums. Auf der Grundlage des Lexikons für Theologie und Kirche, dritte Auflage, Freiburg-Basel-Wien 2001.

JOSEF GELMI

geboren 1937 in Cavalese (Trentino), Studium der Philosophie und Theologie in Brixen und der Geschichte und Kirchengeschichte in Rom. Von 1973 bis 2007 Professor für Kirchen- und Diözesangeschichte an der Philosophisch-Theologischen Hochschule in Brixen. Autor zahlreicher Bücher zur Papstgeschichte und zur Kirchengeschichte Tirols. Seit 1998 Präsident der Hofburg Brixen. 1996 mit dem Walther-von-der-Vogelweide-Preis ausgezeichnet; 2001 zum Botschafter der Friedensglocke des Alpenraumes Telfs-Möser ernannt; 2009 erhielt er die Ehrenmedaille der Stadt Brixen und 2011 wurden ihm das Ehrenzeichen des Landes Tirol sowie das Österreichische Ehrenkreuz für Wissenschaft und Kunst 1. Klasse verliehen.

PETER SCHWIENBACHER

geboren 1975, aufgewachsen in Karthaus im Schnalstal (Südtirol), Matura am Humanistischen Gymnasium und Studium der Philosophie, Theologie und Kunstgeschichte in Brixen, Florenz und Innsbruck. Verheiratet und Vater eines Sohnes; lebt in Bozen und arbeitet am Bischöflichen Ordinariat der Diözese Bozen-Brixen. Verschiedene Publikationen und Illustrationen. Karikaturist der Zeitschriften „Katholisches Sonntagsblatt" und „Südtiroler Landwirt".

Vom selben Autor erschienen bei

topos taschenbücher

Das Papsttum

Beschreibung einer faszinierenden Institution

206 Seiten

topos taschenbuch 641
ISBN 978-3-8367-0641-4

www.toposplus.de

Vom selben Autor erschienen bei

Die Päpste
in Kurzbiographien

Von Petrus bis Benedikt XVI.

192 Seiten

topos taschenbuch 552
ISBN 978-3-7867-8552-1

www.toposplus.de